utb 5463

Eine Arbeitsgemeinschaft der Verlage

Böhlau Verlag · Wien · Köln · Weimar
Verlag Barbara Budrich · Opladen · Toronto
facultas · Wien
Wilhelm Fink · Paderborn
Narr Francke Attempto Verlag / expert verlag · Tübingen
Haupt Verlag · Bern
Verlag Julius Klinkhardt · Bad Heilbrunn
Mohr Siebeck · Tübingen
Ernst Reinhardt Verlag · München
Ferdinand Schöningh · Paderborn
transcript Verlag · Bielefeld
Eugen Ulmer Verlag · Stuttgart
UVK Verlag · München
Vandenhoeck & Ruprecht · Göttingen
Waxmann · Münster · New York
wbv Publikation · Bielefeld

Für Sabine

Jan Schaller

Papierlos studieren

Wissenschaftlich arbeiten in digitalen Zeiten

Verlag Barbara Budrich
Opladen & Toronto 2020

Der Autor:
Jan Schaller, M. A., Hochschule Zittau/Görlitz

Bibliografische Information der Deutschen Nationalbibliothek
Die Deutsche Nationalbibliothek verzeichnet diese Publikation in der Deutschen Nationalbibliografie; detaillierte bibliografische Daten sind im Internet über https://portal.dnb.de abrufbar.

Gedruckt auf säurefreiem und alterungsbeständigem Papier.

Alle Rechte vorbehalten.
© 2020 Verlag Barbara Budrich GmbH, Opladen & Toronto
www.budrich.de

utb-Bandnr. 5463
utb-ISBN 978-3-8252-5463-6

Das Werk einschließlich aller seiner Teile ist urheberrechtlich geschützt. Jede Verwertung außerhalb der engen Grenzen des Urheberrechtsgesetzes ist ohne Zustimmung des Verlages unzulässig und strafbar. Das gilt insbesondere für Vervielfältigungen, Übersetzungen, Mikroverfilmungen und die Einspeicherung und Verarbeitung in elektronischen Systemen.

Online-Angebote oder elektronische Ausgaben sind erhältlich unter www.utb-shop.de.

Satz: Anja Borkam, Jena – kontakt@lektorat-borkam.de
Umschlaggestaltung: Atelier Reichert, Stuttgart
Titelbildnachweis: pixabay, DavidRockDesign
Druck und Bindung: Pustet GmbH & Co KG, Regensburg
Printed in Germany

Inhalt

Zum Start: Über mich & was dich in diesem Buch erwartet	7
Das Begeisterung-Wissen-Paradoxon	12
Das richtige Set-up	17
Das erste Zeitalter ohne Langeweile: Zeitsouveränität	28
Aufgabenverwaltung (Getting Things Done)	35
Dateien speichern und organisieren	51
Sicher ist sicher: Backups	59
Das Rückgrat papierlosen Arbeitens: PDF	67
Mitschreiben in Seminar und Vorlesung	79
Von der Idee zum Wissen: Recherchieren	90
Von der Idee zur Struktur: Outline vs. Mindmaps	97
Wissen in Form gießen: Das Schreiben wissenschaftlicher Texte	110
Präsentieren hat man im Blut oder halt nicht? Falsch!	126
Wo hab ich das noch mal gelesen? Literaturverwaltungen	134
Zum Schluss: Eine papierlose Zukunft kommt – fang einfach an!	145
Literatur	148

Zum Start: Über mich & was dich in diesem Buch erwartet

Wieso habe ich dieses Buch geschrieben? Und vor allem: Wieso solltest du meinem Rat folgen? Eine Antwort auf diese zwei Fragen ist einfach. Ich beschäftige mich seit Jahren mit dem Traum vom papierlosen Studium und generell papierlosem, digitalem Arbeiten. Ich habe viel Geld für Hard- und Software ausgegeben, immer wieder neue Apps ausprobiert, Workflows umgestoßen und neu kreiert, auch wenn es eigentlich schon ganz gut funktionierte. Alles, um noch ein wenig weiterzukommen.

Ich habe Politikwissenschaften studiert und so natürlich enorm viel mit dem Recherchieren, Lesen, Verstehen und Schreiben von kürzeren und längeren Texten zu tun gehabt. Zu Beginn meines Studiums bin ich am Semesteranfang noch in den Copyshop gegangen und habe mir alle Seminartexte für das anstehende Semester als Reader gekauft. Was für eine Papierverschwendung!

Da ich mich schon seit langem mit IT, Computern und generell Technik befasse, war es naheliegend Wege zu suchen, mein Studium zu digitalisieren. Es folgten Jahre des Ausprobierens: Tablets bzw. Convertables waren Anfang der 2010er-Jahre noch nicht wirklich gut, dennoch probierte ich sie aus. Auch am heimischen Schreibtisch kamen verschiedene Set-ups zum Einsatz.

Dazu kamen natürlich hunderte verschiedene Apps und Programme.

Wirklich Klick gemacht hat es, als mein treuer Mac Mini seinen Weg in mein Heim fand. Von dort an war der Weg zum papierlosen Studieren geebnet. Mittlerweile nutze ich den kleinen Mini immer noch. Unterwegs bin ich jedoch mittlerweile bei einem iPad Pro 12.9, zusammen mit Smart Keyboard und Pencil angekommen – eine der besten Entscheidungen, die ich in Sachen Produktivität je getroffen habe.

Du hast es an diesem Punkt vielleicht schon gemerkt: ich bin Apple-Nutzer. Das wird sicher nicht jede*r nachvollziehen können. Über keinen Hardware-Hersteller gehen die Meinungen so auseinander wie bei Apple. Ich verfolge Apples Firmenpolitik und technische Innovationen nun seit einigen Jahren sehr eng. Meiner Erfahrung nach hält die meiste Kritik einer ausführlicheren Prüfung nicht stand. Aber darum soll es hier auch nicht gehen. Ich bin nach all dem Ausprobieren bei Apple hängengeblieben, weil mich schlicht die Qualität überzeugt hat. So blöd es klingt: It just works. Und das ist mir mittlerweile am wichtigsten. Ich möchte etwas schaffen und dafür benötige ich ein Setup, das einfach funktioniert.

Das hat natürlich gewisse Folgen für dieses Buch. Da ich selbst Apple-Produkte nutze, ist meine Expertise diesbezüglich besonders groß. Dennoch kenne und nutze ich natürlich auch andere Systeme. Bei meiner Tätigkeit als wissenschaftlicher Mitarbeiter ist beispielsweise Windows das Betriebssystem der Wahl. Außerdem spielen Web-Lösungen eine immer größere Rolle, die plattformunabhängig einfach in einem Browser wie Chrome oder Firefox funktionieren. Zusätzlich sind die Software-Empfehlungen nur ein Teil der hier vorgestellten Lösungen. Dahinter stehen immer Workflows, die man mit etwas Kreativität auch problemlos mit anderer Software umsetzen kann. Und oft genug existiert die gleiche App auch für verschiedene Betriebssysteme. Ich möchte daher dieses Buch auch Windows- und Android-Nutzer*innen ans Herz legen.

Was erwartet dich?

Papierloses Arbeiten bringt viele Vorteile. Im Idealfall hast du all deine Dokumente, Texte, Laborberichte und Seminararbeiten immer bei dir, du kannst sie durchsuchen und in Sekundenschnelle mit anderen teilen. Und natürlich sparst du so unheimlich viel Papier – die Umwelt und dein Rücken werden es dir danken. Gleichzeitig bringt ein gut durchdachtes System auch mehr Produktivität. Mit einem klaren Kopf kann ich mehr erreichen und letztendlich zufriedener sein. Für diese Aufgabe können übergreifende Arbeitsstrategien, kleine Hacks im Arbeitsalltag und To-do-Manager extrem hilfreich sein.

Es ist aber auch klar, dass auf diesem Weg viele Stolpersteine liegen. Der Grund dafür ist ja auch offensichtlich – der Weg mit Papier hatte Jahrhunderte Zeit sich zu etablieren. Ratgeber für Arbeitsstrategien im Studium gibt es wie Sand am Meer und sie haben nach wie vor Gültigkeit, da viele Konzepte und Ideen schlichtweg ins Digitale übertragen werden können. Dennoch stellen sich viele neue Fragen: Welche Hardware ist sinnvoll für ein papierloses Studium? Und wieso? Welche Software ist am besten geeignet? An welchen Punkten sollte ich Geld ausgeben, um die besten Resultate zu erzielen, und wo kann ich sparen? Aber ebenso stellen sich übergreifende Fragen, beispielsweise wie ich meinen Arbeitsalltag am effizientesten organisieren kann. Oder noch grundlegender: Wie kann ich gut und selbstbestimmt studieren, ohne mich im Kleinklein von Studienordnungen und vermeintlich allwissenden Kommiliton*innen zu verlieren?

Ich möchte dir mit diesem Buch einen Wegweiser an die Hand geben. Wenn du dieses Buch gelesen hast, wirst du viele neue Ideen für dein persönliches Arbeiten haben. Nicht alles davon muss umgesetzt werden, aber du wirst mit Sicherheit einige Aspekte für dich mitnehmen. Durch den modularen Aufbau kannst du das Buch auch als eine Art Nachschlagewerk nutzen und einfach später wiederkommen, wenn du eine konkrete Frage hast.

Dieses Buch ist nun das Kondensat meiner Erfahrungen der letzten Jahre. Jede Lösung hat es nur deshalb in dieses Buch geschafft, weil ich von ihr überzeugt bin und sie sich in der Praxis bewährt hat. Spare dir also die Zeit, selbst zu suchen und zu basteln – dieses Buch zeigt dir, wie du produktiv und papierlos arbeitest.

Der Fokus des Buches liegt dabei auf der technischen Seite. Es gibt Kapitel zu jedem größeren Bereich, der einem während des Studiums begegnen kann: der Umgang mit PDFs, digitale Mitschriften, das Präsentieren von Inhalten, Recherche, das Schreiben wissenschaftlicher Texte, Literaturverwaltung, Dateiverwaltung, Backups sowie Aufgabenverwaltung.

Aber natürlich ist das Technische nicht alles. Mein sozialwissenschaftlicher Hintergrund hat mich gelehrt, dass Menschen immer in sozialen Zusammenhängen leben und arbeiten. Demzufolge sollte man diese Zusammenhänge auch ernst nehmen. Ich tue das, indem ich im ersten Teil dieses Buches auch darauf eingehe, wie man gut studiert ohne sich zwischen Uni-Angst und Uni-Bluff zu verlieren und wieso das Ziel nicht Zeitmanagement, sondern Zeitsouveränität heißen sollte. Ich versuche so ein Bewusstsein zu schaffen für eine innere Einstellung, mit der man zwar produktiv arbeitet, aber darüber das Leben nicht vergisst.

Es ist klar, dass ich nicht alles in diesem Buch selbst erdacht habe. Im Normalfall bin ich einem Problem begegnet und habe Lösungen gesucht. Auf dieser Suche sind mir viele andere Autor*innen und Bücher begegnet, aus denen ich mein Wissen schöpfe. Daher werde ich oftmals am Ende eines Kapitels weiterführende Lesetipps geben. Nicht jedes Detail kann in diesem Buch behandelt werden, aber wenn du Lust hast über eine bestimmte Sache mehr zu lernen, sollten diese Lesetipps weiterhelfen. So bekommst du einen mit Lösungen und Ideen gespickten Ratgeber. Und wenn du noch nicht genug hast, kannst du direkt weiterlesen. Am Ende eines jeden Kapitels fasse ich die wichtigsten Punkte zusammen, sodass du schnell einen Überblick bekommst.

Falls du darüber hinaus immer wieder Tipps zum papierlosen Studieren bekommen möchtest, schau doch einfach mal auf meinem Blog vorbei. Unter papierlos-studieren.net findest du wöchentlich gratis Artikel zu App-Empfehlungen, Workflows und weiterführenden Gedanken.

Viel Spaß beim Lesen dieses Buches und dem Umsetzen der hier vorgeschlagenen Workflows und Herangehensweisen. Ich wünsche dir viel Erfolg in deinem Studium!

Das Begeisterung-Wissen-Paradoxon

Bevor ich dazu komme, wie du am besten die technische Seite deines Studiums schaffst, möchte ich noch ein paar grundlegende Erfahrungen aus meinem Studium teilen. Du kannst diesen Teil natürlich überspringen, aber es schadet auf keinen Fall auch ein wenig über Sinn und Zweck eines Studiums nachzudenken. Daher möchte ich gern ein paar Worte zum Studieren an sich und zum Thema Zeitsouveränität verlieren, da dich diese Themen in deinem gesamten Studium begleiten werden.

Nun, da ich mein Studium abgeschlossen und ausreichend Abstand zwischen mein 22-jähriges und mein jetziges Ich gebracht habe, kann ich es ja zugeben: Ich war zu Beginn meines Studiums ein furchtbarer Gesprächspartner. Wenn meine Erinnerung mich nicht trügt, zwang ich Leuten ständig ungefragt Kurzreferate über Poststrukturalismus, Feminismus oder Postkolonialismus und diverse andere sozialwissenschaftliche Theorien auf.

Dass ich damals – mit dem Wissen von heute – wenig bis keine Ahnung davon hatte, störte mich wenig. Man benötigt nämlich gar kein fundiertes Wissen, um schlau daherzureden. Ein wenig Namedropping[1] und viele komplizierte Begriffe und Konzepte (wovon es Theoriegebäuden mit ‚Post'- im Namen selten fehlt) reichen völlig aus, um das eigene Geltungsbedürfnis zu befriedigen. Wieso war ich so? Wo ich mich doch in Seminaren gleichzeitig furchtbar unsicher fühlte und mich kaum einmal in die Diskussion einbrachte? Die Antwort nenne ich das Begeisterung-Wissen-Paradoxon. Ich kann an dieser Stelle nur für mich selbst sprechen, aber ich glaube, dass es vielen auch so ging oder geht – zumindest, wenn man grundsätzlich interessiert am gewählten Studienfach ist.

---

1 Das grundlose Einwerfen von Autor*innen-Namen zum Ausweis der eigenen Gelehrsamkeit.

Zu Beginn kommt man relativ unbedarft an die Uni, alles ist neu und spannend. Man glaubt so in etwa zu wissen, worum es geht – schließlich hatte man ja Politik in der Schule (wahlweise Chemie, Physik, Mathe, Geschichte …).

Nach wenigen Wochen dann die Erkenntnis: Politikunterricht in der Schule hat nicht sonderlich viel mit Politik in der Uni zu tun. In anderen Fachrichtungen ist das nicht viel anders. Wer mal in einen Einführungskurs für Mathematikerstsemester saß, wird wissen, wovon ich rede. Die Menge der herunterklappenden Münder im Hörsaal dürfte bemerkenswert sein.

Die meisten Menschen reagieren auf diese Situation entweder mit schierer Panik oder mit umso gesteigerter Begeisterung für die große neue Welt, die sich vor ihnen auftut. Ich gehörte zur zweiten Gruppe. Ich hatte plötzlich das Gefühl, das Kinder in einem Süßigkeitenladen überkommt. Wo man nur hinschaut, wartete Gelehrsamkeit von mir entdeckt zu werden. Endlich Menschen, die diskutieren wollen und nicht dem Blick der Lehrerin ausweichen, in der Hoffnung, sich irgendwie in die Pause zu retten. Bücher voll mit komplizierten Texten, Wörter die ich nie zuvor gehört, Fragen, die ich mir nie gestellt hatte. Mit anderen Worten: Die Wissenschaft hatte mich verzaubert.

Leider geht mit dieser Verzauberung auch ein gewisses Unvermögen einher, die eigenen Kenntnisse korrekt einzuschätzen. Kaum hatte ich die ersten Seminare, Vorlesungen und Tutorien besucht, meinte ich die Politikwissenschaft in ihrer Gänze verstanden zu haben. Das war ein Fehler.

Wie jede Wissenschaft ist auch die Politikwissenschaft ein unfassbar riesiges Universum, bestehend aus vielen, vielen Subdisziplinen, die sich wiederum in diverse Forschungsfelder, Schulen, Theorien und Anwendungsbereiche aufsplitten. Das höchste der Gefühle dürfte daher sein, ungefähr zu wissen, was die Gesamtdisziplin ausmacht und welche großen Forschungsrichtungen in ihr existieren. Innerhalb einer Subdisziplin kann man dann womöglich die groben Linien nachzeichnen (sodass man z.B. in der Lage ist, eine Einführungsvorlesung zu geben).

Wirklich Ahnung hat man aber wohl nur vom konkreten Forschungsfeld, welches man selbst bearbeitet. Das ist nun mal die Crux der Wissenschaft: Alles ist kleinteilig und umso mehr man weiß, desto mehr tut sich auf, was man noch wissen könnte.

Die Phase des Begeisterung-Wissen-Paradoxes ist allerdings nicht nur kurios, sie birgt auch einige Gefahren. Zum einen natürlich die offensichtliche: Die eigene Umwelt ist zunehmend genervt, weil sie ständig ungefragt Kurzreferate und Belehrungen ertragen muss. Es ist natürlich toll, sein Wissen zu erweitern und mit anderen darüber zu sprechen. Nur übertreiben sollte man es nicht. Auch wenn man sich so fühlt, hat man nach zwei Semestern die Wissenschaft noch nicht verstanden.

Die zweite Gefahr ist aber die gravierendere: Wolf Wagner nannte es „Uni-Angst und Uni-Bluff" (Wagner 2002: 7). Er meint damit das Gefühl, von den vielen klugen Köpfen um einen herum gleichzeitig fasziniert und eingeschüchtert zu sein. Alle reden schlau daher und haben scheinbar furchtbar viel Ahnung. Man selbst kann das nur so halb beurteilen, weil man ja nicht versteht, was da geredet wird.

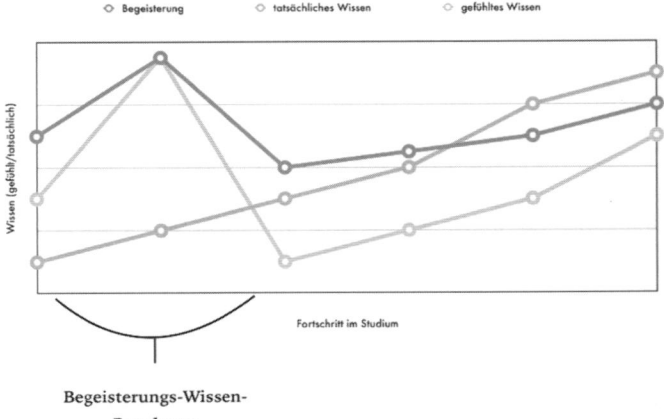

Das Begeisterungs-Wissen-Paradoxon. Quelle: eigene Darstellung (nur zur Veranschaulichung, keine echten Daten)

Gegenstrategien nehmen meist zwei Formen an: Entweder zieht man sich zurück (Uni-Angst) oder man mischt munter mit, kopiert gewisse rhetorische Strategien (Namedropping, komplizierte Fachbegriffe, Schachtelsätze) und versucht nicht erwischt zu werden (Uni-Bluff) (vgl. ebd.: 11ff.).

Beides ist nicht gut. Beides habe ich getan. Innerhalb der Uni eher ersteres, was dazu führte, dass ich in den meisten Seminaren stiller Beobachter war. Vertane Chancen also. Außerhalb des Seminarraums zeigte ich mich dafür umso redseliger. Wenn mal eine kritische Nachfrage kam, nutzte ich gern den Superjoker: „Das ist zu kompliziert, um es mal eben zu erklären."

Was kann man hieraus lernen? Uni kann Angst machen. Gleichzeitig ist das aber im Normalfall völliger Quatsch. Auch wenn es so klingt, sind eure Kommiliton*innen noch keine Professor*innen. Wenn eine*r besonders klug daherredet, ist die Wahrscheinlichkeit groß, dass ihr gerade Zeug*in eines Uni-Bluffs werdet. Auch die Stille nach der Frage: „Gibt es noch Unklarheiten zum Vortrag?" zeugt nicht davon, dass alle außer euch alles verstanden haben. Es ist vielmehr die Angst der meisten, ihr eigenes Unwissen zuzugeben. Ich habe oft erlebt, dass erst niemand Fragen hatte und in der anschließenden Kleingruppenarbeit keine*r verstanden hatte, worum es im Vortrag zuvor ging.

Nutzt also die anfängliche Begeisterung fürs Neue, um möglichst viel darüber zu lernen. Beteiligt euch in den Seminaren und stellt viele Fragen. Wenn mal wieder ein*e Kommiliton*in mit Fachbegriffen und Namen um sich wirft, fragt ruhig nach, ob er oder sie kurz erklären könne, was denn nun Hegel, Darwin oder Pawlow (die Liste ist beliebig erweiterbar) da genau gesagt haben. Und nervt eure Umwelt nicht zu sehr.

Das Wichtigste zum Schluss

- Hab keine Angst davor, dass andere viel mehr wissen als du.
- Trau dich, Fragen zu stellen und dich zu beteiligen.
- Ruf dir in Erinnerung, dass du nicht nach wenigen Wochen schon die gesamte Wissenschaft verstanden haben kannnst.
- Hab einfach Spaß daran, Neues zu lernen!

Lesetipp

Wolf Wagner, 2002/1977, Uni-Angst und Uni-Bluff – Wie studieren und sich nicht verlieren.

Das Buch ist zwar bereits von 1977, aber nach wie vor gültig. Es greift das gesamte Thema Uni-Angst und Uni-Bluff unterhaltsam auf, spricht auch kritisch über die Institution Universität und Wissenschaft als solche und lässt Lesende deutlich differenzierter auf Uni & Studieren blicken. Mir hat das Buch enorm geholfen, auch um mich selbst zu reflektieren. Damit ist es eine Art Grundphilosophie für mich geworden.

Das richtige Set-up

Das eigene Set-up ist nur so stark, wie die Technik mit der man es nutzt. Die eigene Organisation, das eigene Mind-Set kann noch so gut sein – wenn man ständig mit abstürzenden Rechnern und mangelhaft funktionierenden Programmen kämpfen muss, wird man nie wirklich produktiv sein.

Ich habe diese Erkenntnis auf die harte Tour gelernt. Meine Lieblingsepisode in dieser Hinsicht ist die von meinem Asus Eee Pad Transformer. Ich fand die Idee bestechend: ein Tablet mit ansteckbarer Tastatur, die sogar noch einen Extra-Akku integriert hat. Hallo Zukunft! Man muss aber leider auch dazu sagen, dass es das Jahr 2012 war und Tablets noch eine extrem junge Produktkategorie.

Produktives Arbeiten war auf diesem Gerät quasi nicht möglich. Es war einfach viel zu limitiert. Der Prozessor war so langsam, dass der Cursor des Schreibprogramms nicht mit meinen Tastaturanschlägen hinterherkam! Ich tippte also einige Wörter und musste dann zwei bis drei Sekunden warten, bis sie auf dem Bildschirm auftauchten. Was für ein Wahnsinn.

Ich hatte damals auch noch kein durchdachtes Ablagesystem für Dateien, was dazu führte, dass diese kreuz und quer übers System verteilt waren und ich nie so genau wusste, wo nun was rumliegt. Dass ich neben meinem mobilen Device auch noch einen Rechner zuhause hatte, machte es nicht besser. 2012 gab es zwar schon Cloud-Lösungen, sie waren aber bei weitem noch nicht so etabliert und verbreitet wie heute.

Besser wurde die Situation erst, als ich den Schritt zu einer To-do-App, in meinem Fall OmniFocus, wagte. Damit einher ging nicht nur eine bessere Selbstorganisation, sondern auch ein generelles Nachdenken über Workflows und sinnvolle digitale Ablagesysteme.

Das erste Aha-Erlebnis hatte ich dann mit Evernote. Ich kannte die App schon länger und hatte sie auch schon sporadisch genutzt. Ich entschied mich dann aber, nicht auf halber Strecke stehen zu bleiben, sondern alles in Evernote reinzuwerfen. Jeden Text für jedes Uniseminar, Aufbauanleitungen, Rechnungen, Rezepte, einfach alles. Natürlich entsprechend getaggt, sodass ich alles auch über die integrierte Suche wiederfinden konnte.

Zunächst mochte ich das System auch sehr. Endlich hatte ich meine Dokumente digital und geräteübergreifend immer dabei. Und Evernote ist gar kein schlechter Startpunkt. Zuallererst ist der Service plattformübergreifend. Es gibt Apps für alle großen Plattformen und zusätzlich ein Webinterface. Zudem ist eine mächtige Suche integriert, die Benutzung ist recht intuitiv und die Firma ist trotz einiger Krisen seit Jahren am Markt. Die Chance, dass es Evernote auch nächstes Jahr noch gibt, ist also relativ groß.

Schnell fielen mir aber auch die Schwachpunkte auf. Evernote schließt die eigenen Daten stark ein. Es gibt zwar Möglichkeiten, Daten auch wieder zu exportieren, aber irgendwie fühlte sich das für mich nicht richtig an. Außerdem will Evernote natürlich Geld verdienen. Momentan kostet das Premium-Abo 5€ im Monat und biete Synchronisierung auf eine unbegrenzte Anzahl von Geräten, 10GB an monatlichen Uploads und noch einiges mehr. Mit einem kostenlosen Account kann man nur zwei Geräte synchronisieren und magere 60MB monatlich hochladen – das war 2010 schon wenig. Zehn Jahre später ist das inakzeptabel. Eine genaue Übersicht gibt es unter www.evernote.com > Tarife.

Irgendwann machte ich dann den Schritt zu *Devonthink*. Devonthink ist in seiner Essenz eine Software zum Dateimanagement bzw. zur Organisation großer Dateimengen. Man kann Datenbanken anlegen, die verschiedene Lebensbereiche repräsentieren, und diese über Geräte hinweg synchronisieren. Was Devonthink von einfachen Ordnern unterscheidet, ist die KI, die dahintersteht. So können Verbindungen zwischen einzelnen Dateien aufgezeigt werden, die man selbst nicht sieht. Hinzu kommen Funktionen wie OCR, die gescannte Dokumente durchsuchbar macht. Es geht also in erster Linie darum, Dateien abzulegen, einzuordnen und wieder auffindbar zu machen. Wer sich stärker für Nutzungsszenarien interessiert, findet auf der Seite von Devontechnologies eine Sammlung mit typischen Anwendungsszenarien.

Dort war ich sehr lange. Allerdings hat auch Devonthink diverse Nachteile. Auch hier liegen die Dateien nicht in Ordnern auf der Festplatte, sondern in Datenbanken. Will man sie verschicken oder auf eine andere Festplatte kopieren, muss man sie zunächst exportieren. Dann ist das Programm zwar sehr mächtig, aber eben auch ziemlich kompliziert. Hinzu kommen hohe Anschaffungskosten (mit Bildungsrabatt momentan 150€) und exklusiv für Mac bzw. iOS. Windows-Nutzer*innen schauen in die Röhre.

Was können diese Erfahrungen also lehren? Zum einen: Es ist essentiell technische Lösungen zu haben, die für einen selbst funktionieren. Wenn man etwas schaffen will, sollte man nicht von der Technik davon abgehalten werden. Die Technik ist da, um das Erreichen der eigenen Ziele zu ermöglichen; sie ist Mittel zum Zweck. Daher lohnt es sich, zunächst ein wenig Zeit ins Testen zu stecken. Probier ruhig ein wenig herum, werde dir klar, was du wirklich brauchst, und teste dann verschiedene Apps.

Zum anderen: Man sollte sich zunächst einmal mit dem auseinandersetzen, was man schon hat. Windows, MacOS, Android und iOS bringen so viel tolle Software mit, dass sich viele Probleme hervorragend mit dem lösen lassen, was schon da ist. Man muss sich nicht teure Laufschuhe kaufen, um regelmäßig Sport zu machen. Die Fixierung auf teures Equipment (oder eben Software und Services) kann auch eine Ausrede sein. Man sollte also zunächst die eigenen Anforderungen verstehen. Was brauche ich wirklich für mein Studium? Im zweiten Schritt geht es dann darum, die Dinge auszureizen, die man schon hat. Das spart Ressourcen und schont den eigenen Geldbeutel. Und erst dann sollte man sich mit anderen Lösungen befassen.

Aber natürlich gibt es gute Gründe, zusätzliche Software zu kaufen. Entscheidet man sich bewusst hierzu, dann ist Geld ausgeben okay. Natürlich gibt es super viele tolle Open Source Programme, die nichts kosten. Aber die weitverbreitete Einstellung, dass Apps und Programme möglichst nichts kosten sollten, halte ich für grundfalsch. Irgendjemand muss sie programmieren und verwendet sehr viel Zeit auf Entwicklung und Erhalt. Diese Person muss auch von etwas leben. Für andere Dinge bezahle ich ja schließlich auch und wenn ich gute Software möchte, sollte ich auch bereit sein, dafür Geld auszugeben. Es wäre zum Beispiel ein echtes Horrorszenario für mich, wenn eine App, die ich täglich nutze, plötzlich nicht mehr weiterentwickelt würde, weil der*die Entwickler*in nicht mehr davon leben kann. Gute Software fällt nicht vom Himmel. Sie wird entwickelt und Entwicklung kostet Geld. Daher sollte man auch nicht zu geizig sein, ab und zu etwas dafür auszugeben.

Ein sehr spannender Hinweis diesbezüglich richtet sich an alle, die ein Macbook nutzen. Wenn du im Apple-Kosmos unterwegs sein, solltest du unbedingt mal einen Blick auf Setapp.com werfen. Setapp ist eine Art Netflix für Apps. Du bekommst weit über einhundert Programme für den Mac, die eigentlich Geld kosten. Da sind richtig gute Sachen dabei und nicht nur Ramschware, unter anderem Ulysses, welches ich auch in diesem Buch behandle. Das ganze kostet im Normalfall 9,99€ im Monat. Allerdings nicht für Studierende, die kommen in den Genuss eines 50%-Nachlasses!

Ich bin mittlerweile übrigens wieder bei Ordnern in einer Cloud gelandet, um meine Dateien zu organisieren. Keine extra Software, kein Service mit Abo-Modell. Klar, ich muss auf ein paar Features verzichten, dafür habe ich nun aber einen unkomplizierteren Workflow, der meine Dateien nicht irgendwo einschließt. Manchmal ist Einfachheit eben doch das wichtigste.

Auf dem Weg zur Papierlosigkeit

Soweit also ein paar generelle Gedanken. Bevor es aber um konkrete Anwendungsfälle gehen soll, stellt sich natürlich noch die Frage nach dem Wie. Eine der grundlegendsten Fragen ist die nach der passenden Plattform. Die meisten werden dabei instinktiv an einen Laptop denken. Schaut man in die Hörsäle, wird man sehr, sehr viele Windows-Rechner diverser Hersteller und einige MacBooks entdecken. Und es stimmt ja auch: Mit einem Laptop macht man nichts falsch. Ich beispielsweise war in meinem Bachelor und Master zunächst lange Zeit mit einem Asus Zenbook und dann mit einem MacBook Air sehr zufrieden. Dennoch lohnt der Blick über den Tellerrand. Tablets sind mittlerweile weit mehr als das Entertainment Device, als das sie einst konzipiert wurden.

Komplexität oder Leichtigkeit?

Es ist durchaus sinnvoll einen Laptop zu nutzen. Das Gros der Studierenden (und eigentlich fast alle digital Tätigen) sind nach wie vor auf Laptops gepolt. Tablets gelten meist nur als amputierte Computer. Diese Sichtweise ist jedoch überholt und muss durch eine differenziertere ersetzt werden.

Laptops sind eine Gerätekategorie, die es schon seit Jahren gibt. Gleichzeitig sind sie die mobile Weiterentwicklung des Desktop-PCs – die noch viel länger existieren. Ihre Grundlage sind dann auch Betriebssysteme und Software, die teilweise seit Jahrzehnten entwickelt werden. Entsprechend umfangreich (und teilweise schwerfällig) sind sie dadurch in der Handhabung.

Mobile Plattformen haben diesen Ballast (noch) nicht. Das erste iPad kam 2010 auf den Markt und Apps waren zu Beginn meist kleine Single-Purpose-Anwendungen, also Programme, die nur eine einzige Funktion hatten und entsprechend leichtfüßig waren. Das hat sich mittlerweile zwar geändert; ihre relativ leichte Bedienung haben sich viele Apps aber erhalten.

Es ist teilweise nach wie vor so: Programme unter Windows oder MacOS können oftmals mehr als Apps. Das muss man einfach eingestehen. Das wird besonders bei sehr spezialisierten Programmen deutlich. Wer mal versucht hat, eine qualitative Textanalyse auf einem Tablet durchzuführen, wird schnell gescheitert sein. Der springende Punkt ist aber, dass das Fehlen von Features nicht an grundsätzlich mangelnden Fähigkeiten mobiler Plattformen liegt.

Die Ursache liegt schlicht in der Historie. Software-Entwickler*innen hatten Jahre oder Jahrzehnte, um ihre anspruchsvollen Programme für Windows und MacOS zu schreiben, und mit der Zeit kamen immer mehr Features hinzu. Tablets starteten als Unterhaltungsmaschinen und wurden lange nicht ernst genommen. Erst in den letzten Jahren bildete sich ein Pro-Segment heraus und nach und nach wächst auch das Angebot an Software entsprechend. So manche Tablet-Software muss einfach noch erwachsen werden. Gerade bei kleineren Unternehmen oder solchen, die ihren Fokus nach wie vor auf dem Desktop haben, dauert das leider etwas länger.

Gleichzeitig hat es aber eine Reihe an Vorreiter*innen geschafft, Software zu entwickeln, die die Stärken von Tablets voll ausspielt: einfache, direkte Bedienung zum Beispiel.

Eine echte Alternative: Tablet mit Tastatur und Stift

Was ich meine, wird beim Thema Mitschriften sehr schnell deutlich. Man kann zwar bei entsprechender Übung auch auf Tastaturen fast in Echtzeit mitschreiben; beim Annotieren von Folien wird es aber direkt problematisch. Und das ist schließlich einer der häufigsten Anwendungsfälle in Vorlesungen. Möchte man dann eventuell noch eine Grafik oder ein Diagramm hinzufügen, ist man schnell aufgeschmissen. Eh man solche Elemente mit Maus und Tastatur nachgebaut hat, ist der oder die Professor*in längst beim nächsten Thema. Beim Thema Diagramme/Grafiken/Zeichnungen, zeigt sich, dass früher eben doch nicht alles schlechter war. Mit etwas Übung bekommt fast jede*r ein brauchbares Diagramm in kürzester Zeit aufs Papier.

Um auch papierlos in dieser Hinsicht effektiv zu sein, empfehle ich deshalb eine Kombination aus Tablet, Tastatur und entsprechendem Eingabestift. Dieses Trio verbindet alle Vorteile: Mit einer (Bluetooth-)Tastatur kann man genauso schnell mitschreiben, wie mit einer Laptop-Tastatur. Der Stift ermöglicht Zeichnen oder auch das direkte handschriftliche Mitschreiben und dazu ist alles direkt digital, wie es sein soll.

Zwei konkrete Empfehlungen

Wer sich für ein Tablet entscheidet, steht zunächst vor einer Grundsatzentscheidung: Apple oder Microsoft? Es gibt zwar auch Android-Tablets, diese kann ich aber nicht empfehlen, da es nur wenig wirklich gute Apps gibt.

Auf dem Tablet-Markt dominiert Apple mit seinen iPads den Markt deutlich. Dieser Umstand geht nicht (nur) auf gutes Marketing zurück, sondern in erster Linie auf top Qualität, die – man glaubt es kaum – mit einem ziemlich guten Preis-Leistungsverhältnis einhergeht. Dazu später mehr. Grundsätzlich weisen iPads eine top Verarbeitungsqualität auf, haben sehr brauchbare Apps direkt an Bord, werden über viele Jahre mit Software-Updates unterstützt und profitieren von der Integration von Hard- und Software.

Hauptkonkurrent ist für mich Microsoft mit seiner Surface-Reihe. Auch Surface Tablets sind qualitativ hochwertig und haben den Vorteil, „echtes" Windows laufen zu haben, was sicherlich ein Pluspunkt ist, da man die gleichen Programme nutzen kann, wie man sie von klassischen Rechnern kennt. Allerdings bietet Microsoft im günstigeren Bereich (<800€) ziemlich wenig an. Das ist ein Problem, da die wenigsten nur mit einem Tablet arbeiten wollen oder können. Die meisten werden wohl noch einen Laptop oder Desktop-Rechner haben und das Tablet dient nur zum Lesen, Mitschreiben und Konsumieren von Medien. Ergo spielt der Preis natürlich eine herausgehobene Rolle.

Eine ganz konkrete Empfehlung kann auch nur im Einzelfall gegeben werden. Zudem bringen die Hersteller ständig neue Geräte auf den Markt. Ich möchte daher eher auf einige Punkte hinweisen, auf die man generell achten sollte. Neben der Entscheidung zwischen Apple oder Microsoft und dem Preisrahmen sind das der verbaute Prozessor, Displaygröße, Speicher und die zusätzlichen Eingabemedien wie Stift oder Tastatur.

In Sachen Rechenpower haben Apples Tablets die Nase vorn. Das zeigt sich immer wieder aufs Neue. Hier zahlt sich aus, dass sie ihre Prozessoren selbst entwickeln. Das soll aber nicht heißen, dass alles andere schlecht wäre. Vor allem einfache Office-Anwendungen laufen mittlerweile quasi überall problemlos. Da das Feld aber so unübersichtlich ist und sich schnell verändert, empfiehlt es sich vor dem Kauf auf diesen Aspekt zu achten, um nicht eine Produkt-Reihe mit veraltetem Prozessor zu erwischen. Man möchte ja schließlich viele Jahre etwas davon haben.

Bei der Display-Größe bewegen sich die meisten Geräte irgendwo zwischen 10 und 13 Zoll. 13 Zoll sind ungefähr so groß wie ein A4-Blatt. Ich persönlich tendiere eindeutig zum oberen Ende der Skala, da ich es bevorzuge, Dokumente in Originalgröße bearbeiten zu können. Auch im Quer-Modus ist die Größe für mich angenehmer, wenn ich zwei Apps nebeneinander nutze.

Hat man sich für eine Größe entschieden, sollte man gut überlegen, wie viel Gigabyte internen Speicher man benötigt. Meine Faustregel wäre hier, dass 32GB zu wenig sind, 64GB funktionieren kann und es ab 128GB komfortabel wird. Schaut einfach mal auf eure Smartphones und guckt, wie viel internen Speicher ihr da belegt, das sollte ein ganz guter Indikator sein. Noch ein Vorteil von Tablets: Viele von ihnen unterstützen – mindestens optional – LTE, also mobile Daten. Allerdings ist das quasi immer eine Zusatzoption, die mit weiteren Kosten verbunden ist. Für die meisten wird es nur W-Lan wohl tun, nur wer wirklich viel unterwegs ist, sollte über LTE nachdenken.

Zuletzt sind noch die Zusatzgeräte fraglich, die man bei einer anstehenden Kostenkalkulation nicht außer Acht lassen darf. In meinen Augen entfalten Tablets nur mit externer Tastatur und vor allem einem Eingabestift ihr volles Potential. Beim Stift ist die Entscheidung dabei recht schnell gefallen. Ich würde dringend von Billigstiften abraten, die nur einen menschlichen Finger imitieren. Wer wirklich damit schreiben oder zeichnen möchte, sollte auf eine Lösung setzen, die dafür gemacht wurde. Es ist einfach großartig, im Text markieren und schreiben zu können, als hätte ich ein Blatt Papier vor mir. Man kann sich aber natürlich auch viele andere Anwendungsfälle vorstellen. Naturwissenschaftler*innen können Versuchsprotokolle digital erfassen, Musiker*innen können Kompositionen festhalten (Templates für Notenpapier sind z.B. kein Problem) und Künstler*innen können natürlich mit dem Pencil malen und zeichnen. Das iPad ist hier längst zu einem professionellen Gerät geworden und ermöglicht von Gemälden über Illustrationen bis hin zu technischen Zeichnungen alles. Bei Microsoft ist das der Surface Pen, bei Apple der Apple Pencil oder der Crayon, den Logitech herstellt. Aber auch hier sollte man genau hinschauen, da auch Stifte natürlich weiterentwickelt werden, neue Funktionen bekommen und nicht unbedingt jede Version mit jedem Tablet kompatibel ist.

Bei den Tastaturen stellt sich die Situation wiederum grenzenlos dar. Von 20€ bis über 200€ lassen sich Modelle finden. Manche sind einfache Bluetooth-Tastaturen, andere komplette Hüllen für das Tablet. Die Hersteller haben natürlich eigene Lösungen parat, nicht immer muss das aber die beste sein. Und die günstigste sowieso nicht. Aufgrund dieser Vielfalt an Möglichkeiten, rate ich dazu wenn möglich verschiedene Modelle im Laden auszuprobieren und sich dann zu entscheiden. Tastaturen sind einfach eine sehr individuelle Entscheidung.

Die ultimative Vergleichstabelle

Kann ein Tablet nun aber einen herkömmlichen Laptop ersetzen oder doch eher nur ergänzen? Wohl eher zweiteres, wenngleich es natürlich auf den konkreten Anwendungsfall ankommt. Bei Mitschriften dürfte es in meinen Augen keine zwei Meinungen geben, hier gewinnt ein Tablet einfach, weil es in Kombination mit Tastatur und Stift unschlagbar flexibel ist. Wie sieht es aber in anderen Bereichen aus? Der Wegfall von Komplexität kann das Arbeiten manchmal erleichtern. In anderen Fällen wird es aber auch unmöglich, wenn wichtige Funktionen gestrichen werden. Für einen möglichst einfachen Vergleich findet ihr hier eine große Überblickstablle, in der die Vor- und Nachteile für alle Bereiche erfasst werden. So könnt ihr mit einem Blick erkennen, ob ein Tablet als mobiles Arbeitsgerät für euch infrage kommt. Ich prophezeie – für viele schon! Es schadet aber auf keinen Fall, Zuhause noch einen traditionellen Rechner stehen zu haben.

Welche Aufgaben lassen sich auf einem Laptop erledigen und welche auf einem Tablet?

Funktionen	Tablet	Laptop	Anmerkung
Dateien organisieren	x	x	Noch vor kurzem war Dateiverwaltung auf einem Tablet wirklich schwierig und mit vielen Einschränkungen verbunden. Mittlerweile geht das sowohl unter iOS, Android, als auch Windows problemlos. Cloud-Lösungen stehen sowieso überall zur Verfügung, sodass lediglich manche Shortcuts noch Desktop-exklusiv sind. Das allein sollte aber niemanden vom Tabletkauf abhalten.
Freihand- zeichnungen	x	–	Freihandzeichnungen können nur auf einem Tablet oder Convertible mit entsprechendem Stift ausgeführt werden. Die einzige Möglichkeit für Laptops sind Grafik-Tablets, was aber wieder ein Peripheriegerät mehr ist, Geld kostet und umständlich ist.
PDFs bearbeiten	x	x	Hier besteht fast Feature-Gleichheit. Allerdings ist es natürlich sehr viel intuitiver, Anmerkungen mit einem Stift zu machen, als mit der Maus.
Suchen und Recherchieren	x	x	Solange man sich auf den gängigen Suchmaschinen bewegt, ist es egal ob man auf einem Laptop oder Tablet unterwegs ist. Da es sich um Webservices handelt, besteht hier kein Unterschied. Auch die Kataloge der Universitäten wurden in den letzten Jahren umgestellt und sollten größtenteils ohne Probleme mobil nutzbar sein.
Outlines und Mindmaps	x	x	Prinzipiell bieten sich sowohl Tablets, als auch Laptops für beide Aufgaben an. Gefühlt gehören Mindmaps aber eher aufs Tablet, einfach weil diese einem Blatt Papier näher kommen. Außerdem sind hier die Apps deutlich günstiger, als auf Desktop-Betriebssystemen.
Aufgaben- verwaltung	x	x	Kein Unterschied. Jeder große Hersteller von To-Do-Apps legt Wert darauf, dass sein Produkt auf allen Plattformen genutzt werden kann.
Handschriftlich mitschreiben	x	–	Es liegt in der Natur der Sache, dass man für digitale handschriftliche Mitschriften ein Tablet samt Stift benötigt. Auf dem Laptop wird das nichts.
Schreiben wissenschaft- licher Texte	(x)	x	Prinzipiell können sowohl auf Tablets, als auch Laptops sehr gut Texte verfasst werden. Die Tablet-Apps haben sich in

Funktionen	Tablet	Laptop	Anmerkung
			den letzten Jahren zu fast vollwertigen Alternativen entwickelt. Einen kleinen Vorsprung gibt es zwar noch für Desktop-Programme, gerade bei umfangreichen Texten mit vielen Verweisen, wie es wissenschaftliche Arbeiten üblicherweise sind. Eine interessante Alternative sind mittlerweile Webservices wie Overleaf oder Google Docs.
Präsentationen	x	x	Ob Präsentationen erstellen oder halten – beides geht problemlos auf dem Mac/Windows PC oder einem Tablet. Die jeweiligen Programme haben fast Feature-Gleichheit und auch beim Präsentieren unterscheiden sie sich nicht allzu sehr. Wichtig ist nur die ausführliche Vorbereitung und ggf. Adapter, um die Inhalte auch auf den Beamer zu bekommen.
Literaturverwaltung	(x)	x	Literaturverwaltung funktioniert definitiv besser auf dem Laptop bzw. Desktop-Rechner. Es gibt zwar auch Apps für mobile Geräte, diese sind aber oft recht eingeschränkt und bringen nicht den vollen Funktionsumfang mit.

Das Wichtigste zum Schluss

- Technik soll dich unterstützen, nicht zum Mittelpunkt werden.
- Befasse dich einmal intensiv mit deinem technischen Set-up und habe von da an Ruhe.
- Überlege deine Anwendungsfälle und wähle dementsprechend aus.
- Gute Software darf durchaus Geld kosten.
- Tablets können eine spannende Alternative darstellen.

Das erste Zeitalter ohne Langeweile: Zeitsouveränität

Ich kann mich noch daran erinnern, dass ich in meiner Kindheit ab und zu Langeweile hatte. Meine Freund*innen hatten keine Zeit, das Wetter war grau und das Lego lag unbeachtet in der Ecke. Rückblickend betrachtet waren diese Episoden der Langeweile wohl gar nicht so schlecht, legt die Hirnforschung doch nahe, dass Langeweile essentiell für Kinder ist, um sich mit sich selbst zu befassen und kreativ zu werden. Wer als Kind nie Langeweile erlebte, weiß auch als Erwachsene*r nichts mit sich anzufangen (Neudecker 2015: o.S., Struck 2005).

Seit einigen Jahren ist das Wort Langeweile aber ein Fremdwort für mich. Mit dem Eintreten der Universität in mein Leben, vervielfachten sich die täglichen Betätigungen: Seminare inklusive Vorbereitung, Dinge mit Freund*innen unternehmen, Hobbys, politisches Engagement, Familie und Nebenprojekte. Nicht zu vergessen Lohnarbeit. Ohne zu übertreiben, kann ich mich nicht mehr daran erinnern, wann mir das letzte Mal wirklich langweilig war.

Im Grunde ist sogar eher das Gegenteil der Fall: 24 Stunden reichen fast nie für all das, was ich gern an einem Tag erledigen würde. Zumindest dann, wenn ich einen einigermaßen gesunden Schlafrhythmus behalten möchte. Das Schlagwort welches man bei derlei Problemen immer wieder hört, ist Zeitmanagement. Wie bekomme ich möglichst viele Tätigkeiten in eine vorgegebene Menge an Zeit?

Ich persönlich halte diese Herangehensweise für fruchtbar (fruchtbar, nicht furchtbar) – in einem gewissen Rahmen. Mir ist bewusst, dass es enorm schwierig ist, außerhalb der Normen und Strukturen unserer heutigen Gesellschaft zu arbeiten, wenn man in dieser Gesellschaft Erfolg haben möchte. Von daher werde ich hier auch niemandem raten, „einfach sein Ding zu machen", oder was manche Gurus einem auch immer erzählen mögen.

Stattdessen muss das Ziel sein, einen Umgang mit Zeit zu finden, der auf lange Sicht für einen selbst gesund ist und gleichzeitig ermöglicht, zielführend zu arbeiten. Zeitsouveränität ist hier der Schlüssel.

Zeitsouveränität durch sieben Hüte

Für mich ist Zeitsouveränität der Zustand, aus dem Gefühl der Hektik auszubrechen und gleichzeitig effektiv mit den eigenen Projekten voranzukommen. Man kann sich den Zustand als die Mitte eines Kontinuums vorstellen. An einem Ende hat man zwar alle Zeit der Welt und keinerlei Stress – kommt im Leben aber auch nicht voran. Auf der anderen Seite ist der eigene Tag komplett durchgetaktet und außer schlafen und essen, gibt es nur noch Arbeit. Beides ist nicht erstrebenswert. Im Idealfall arbeitet man effektiv und hart an Projekten, die einem selbst am Herzen liegen, kann aber auch abschalten, wenn man das Tagesziel erreicht hat.

Dieses Ziel zu erreichen ist enorm schwer – das weiß ich aus eigener Erfahrung. Sofern man eine am Leben und der Gesellschaft interessierte Person ist, lauern ständig und überall spannende Menschen und Gelegenheiten. Wieso eigentlich sich nicht auch noch für die Umwelt engagieren? Ach, Unisport? Könnte man ja auch mal wieder machen. Und endlich die Freund*innen häufiger sehen. Und ins Museum. Und ein Buch lesen. Und, und, und.

Um im Meer der Möglichkeiten nicht zu ertrinken, empfehle ich eine Technik von Lothar Seiwert. Neben diversen anderen Techniken für mehr Zeitsouveränität, hat er die Lebenshüte-Methode entwickelt, die sehr nützlich ist, wenn man sich klar werden möchte, was für einen selbst wichtig ist im Leben (vgl Seiwert 2005: 127ff.).

Die Umsetzung ist denkbar einfach: Man nehme ein Stück Papier (wahlweise natürlich gern auch das eigene Tablet oder den Laptop, schließlich geht es hier um papierloses Arbeiten) und zeichne ein Gitter mit zwölf Feldern. In jedes dieser Felder kommt nun einer deiner Lebenshüte. Das kann die Uni sein, der Verein in dem du bist, ein politisches oder soziales Engagement, aber auch Freund*innen und Familie. Gib nun jedem Lebenshut einen Smiley: ☺, 😐, oder ☹ und werde dir klar darüber, welche Hüte am ehesten gestrichen werden können. Streiche nun Lebenshüte, sodass am Ende nur noch sieben übrig bleiben. Das könnten z.B. Uni, Lohnarbeit, Familie, Freund*innen, Sport, soziales Engagement und ein umfangreiches Hobby sein.

Natürlich muss man sich nicht sklavisch an die sieben Hüte halten. Der eine kommt womöglich mit sechs besser aus, die andere mit acht. Aber im großen Ganzen halte ich sieben hier für sehr zielführend. Es ist eine gute Richtgröße, wenn man allen Bereichen gerecht werden und gleichzeitig nicht die eigene Zeitsouveränität verlieren möchte.

Den Tag in Blöcken organisieren

Nachdem nun das große Ganze durch die Lebenshüte-Methode abgedeckt ist, bleibt die Frage, wie man an einem gewöhnlichen Arbeitstag effektiv arbeitet. Arbeitsblöcke und Pomodoro sind meine Antworten.

Die Idee ist, den Tag in Blöcke einzuteilen, um sich nicht im Meer der Möglichkeiten zu verlieren. Mir ging es früher oft so, dass ich früh dasaß und mich von all den Möglichkeiten erschlagen fühlte. Soll ich lieber zuerst ein wenig an der Hausarbeit schreiben? Oder den Text für das Seminar lesen? Oder doch lieber zeitig zum Sport, um nachmittags zu arbeiten? Das Resultat war öfters, dass ich gar nichts tat und den Tag vergammelte. Gleichzeitig kann es auch passieren, dass man den ganzen Tag an irgendetwas arbeitet und am Ende doch das Gefühl hat, nichts geschafft zu haben. Beides ist nicht förderlich für ein Gefühl der Zeitsouveränität.

Der springende Punkt für mich war dann der Kalender eines Arbeitskollegen. Jeder Tag war dort von 9 bis 17 Uhr voll. Dort wo andere vielleicht mal ein Meeting eintragen, war bei ihm alles voller bunter Blöcke: Mails abarbeiten, Entwurf schreiben, mit XYZ abstimmen und so weiter.

Ich finde die Idee bestechend und setze sie seitdem jeden Arbeitstag um. Die erste Aufgabe in meinem To-Do-Manager ist jeden Tag die Tagesplanung. Ich schaue mir an, was ich an diesem Tag gern erledigen möchte und nehme mir dann meinen

Hyper-Scheduling = Arbeitsblöcke

Kalender vor. Dort trage ich die einzelnen Aufgaben als (realistische) Zeitblöcke ein. Die Blöcke bilde ich dabei eher großzügig und fasse unterschiedliche Aufgaben eines Lebensbereiches zu einem Block zusammen. Wenn ich beispielsweise zwei verschiedene Uni-Seminare vorbereite, ist das dennoch nur ein Block. Man muss die Dinge ja nicht unnötig verkomplizieren. Ich bin ja eh im selben Mindset, also derselben Denklogik. Und das ist der springende Punkt. Ich habe einen Zeitblock, in dem ich mich einem Bereich meines Lebens widme. Welche konkreten Aufgaben ich innerhalb dieses Blocks erledige, ist zweitrangig (vgl. Sparks 2018a, b, c).

Früh und vormittags sind das dann meist Dinge, die besonders viel Aufmerksamkeit erfordern, beispielsweise das Schreiben von Artikeln. Nachmittags oft weniger Anspruchsvolles: Einkaufen, Sport oder Erledigungen, weil ich dort meist mein Konzentrationstief habe. Und abends dann oft noch kleinere Nebenprojekte, z.B. ein Online-Kurs. Das ist aber natürlich kein Muss. Erholung und Ablenkung sind enorm wichtig und es ist natürlich völlig okay, um 17 Uhr den Arbeitstag für beendet zu erklären.

Ein typischer Tag sieht dann bei mir so aus:

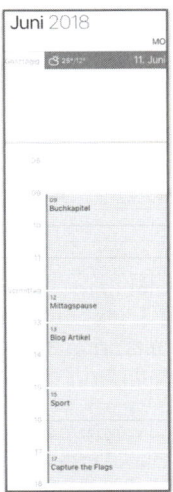

Arbeitsblöcke in meinem Kalender

Die Vorteile dieser Technik sind für mich enorm. Seitdem ich Arbeitsblöcke nutze, habe ich nicht mehr das Gefühl, angesichts zu vieler Aufgaben übermannt zu werden. Das strukturierte Abarbeiten verschiedener Bereiche gibt mir ein gutes Gefühl im Alltag.

Gleichzeitig ist es aber auch ein guter Schutz davor, ständig alles gleichzeitig machen zu wollen. Nimmt man sein eigenes System ernst, kann man sich immer wieder in Erinnerung rufen, dass man doch eigentlich jetzt an diesem konkreten Projekt arbeiten wollte und nicht schon wieder Mails checken. Sehr positiv ist auch, dass man keine spezielle App benötigt. Nimm einfach die vorinstallierte Kalender-App. Selbst ein gedruckter Kalender ist hier möglich.

Natürlich sollte man sich eine gewisse Flexibilität bewahren. Nur weil man eine Reihenfolge am Morgen für sinnvoll erachtet, muss das nicht heißen, dass man das mittags noch genauso sieht. Ich habe oft die Erfahrung gemacht, dass man mitten im Tag feststellt, dass man gerade doch besser oder schlechter drauf ist, als gedacht und lieber eine andere Aufgabe vorzieht. Das ist völlig okay! Die einzelnen Zeitblöcke sind kein rigides Korsett, sondern eher freischwebende Blöcke für bestimmte Aufgaben. Sie sollen helfen, sich einer Aufgabe wirklich zu widmen – nicht die eigene Entfaltung einschränken. Von daher können sie auch problemlos hin- und hergeschoben werden. Wichtig ist nur, auch wirklich an dieser einen Aufgabe zu arbeiten, wenn man sich erst mal in einem Block befindet.

Vergesst Multitasking! Mit Pomodoro zu mehr Konzentration

Was Arbeitsblöcke im Großen sind, ist die Pomodoro-Technik im Kleinen. Dabei geht es darum, eine gewisse Zeit konzentriert an einer Aufgabe zu arbeiten, OHNE mal eben schnell auf Instagram, Facebook oder Reddit unterwegs zu sein (vgl. Silvestre 2018).

Es ist wissenschaftlich erwiesen, dass das Gehirn ungefähr zwanzig Minuten benötigt, um sich voll auf eine Aufgabe einzustellen (vgl. Gloria et al. 2008). Daher ist Multitasking auch ein echter Produktivitätskiller. Wer ständig versucht, alles

→ **Pomodoro** ←

gleichzeitig zu machen, wird sich auf nichts wirklich einlassen können und auch nicht vorankommen. Gerade kreative oder sehr denkintensive Tätigkeiten brauchen aber diese Form des Fokussiertseins. An dieser Stelle kommt Pomodoro ins Spiel.

Die Technik ist denkbar einfach und basiert auf dem Abwechseln von Arbeitsblöcken und häufigen, kleinen Pausen. Im ersten Schritt arbeitet man 25 Minuten. Dann sind 5 Minuten frei. Damit man nicht ständig auf die Uhr schaut, stellt man sich einen Wecker auf 25 Minuten. Die Appstores sind auch voll mit Pomodoro-Timern, wenn man lieber ein schönes Design möchte.

Nach jeweils vier Pomodori (also 2 Stunden) macht man dann eine längere Pause von 15–20 Minuten. Die Pomodoro-Technik ist besonders dann gut, wenn man an unschönen Aufgaben arbeitet und sich nicht so recht motivieren kann. 25 Minuten kann jede*r durchhalten, auch wenn man gerade an einer furchtbar langweiligen Aufgabe sitzt. Die Belohnung in Form einer kurzen Pause ist ja gewiss. Wichtig ist aber, die Fünf-Minuten-Blöcke nicht dazu zu nutzen, etwas komplett anderes zu machen, schließlich möchte man ja sein Gehirn nicht wieder in die Multitasking-Falle locken. Nutze die fünf Minuten lieber, um mal aufzustehen, ein wenig zu laufen, was zu trinken oder einfach nur den Gedanken freien Lauf zu lassen.

In einer größeren Pause nach vier Blöcken kann man dann natürlich auch mal den Fokus aufgeben und sich anderen Dingen zuwenden. Jedes Gehirn will auch mal abschalten und da sind Youtube und Co. natürlich der ideale Ort.

Am Ende muss jede*r seinen oder ihren eigenen Weg finden, um Produktivität und Zeitsouveränität zu vereinbaren. Dieser Prozess ist nach meiner Erfahrung auch nie komplett abgeschlossen. Allerdings können die hier vorgestellten Techniken enorm helfen. Für mich waren insbesondere Arbeitsblöcke augenöffnend. Seitdem ich mich jeden Morgen hinsetze und Zeitblöcke einteile, fühle ich mich freier und weiß am Abend eher, was ich tagsüber geschafft habe. Und darum geht es doch: Sich weniger gestresst fühlen, vorankommen und die eigene Arbeit sinnvoll einteilen.

Das Wichtigste zum Schluss

- Zeitsouveränität, nicht Zeitmanagement sollte das Ziel sein.
- Werde dir anhand der 7 Hüte bewusst, was dir im Leben wichtig ist, und streiche andere Aufgaben.
- Experimentiere mit Arbeitsblöcken – es kann dir helfen, deinen Tag zu strukturieren.
- Pomodoro hilft dir, konzentriert zu bleiben und dich auch für nervige Aufgaben zu motivieren.

Lesetipps

Lothar Seiwert: Wenn du es eilig hast, gehe langsam: Wenn du es noch eiliger hast, mache einen Umweg. Der Klassiker des Zeitmanagements mit neuen Tools: Neuauflage des Klassikers zum Thema Zeitsouveränität, angepasst an unsere heutige Arbeitswelt.

David Sparks: David Sparks ist Rechtsanwalt und Apple-Nerd. In der zweiten Funktion ist er auch Co-Host des tollen Podcasts Mac Power Users, der sich wöchentlich mit Power User Themen rund um MacOS und iOS beschäftigt. Er hat eine Reihe von Blogeinträgen zum Thema Arbeitsblöcke (er nennt es Hyperscheduling) geschrieben, die ich sehr erhellend fand. Ihr findet sie auf seinem Blog macsparky.com, wenn ihr dort nach „hyperscheduling" sucht. Die Einträge sind allerdings auf Englisch.

Jonathan Crary, 24/7: Wer es etwas philosophischer mag, dem lege ich 24/7 von Jonathan Crary ans Herz. Das kleine Büchlein hat nur gut 100 Seiten und ist eher ein langes Essay. Der Autor beschäftigt sich darin mit unserer beschleunigten Zeit und der Gesellschaft, die niemals schläft. Empfehlenswert, wenn man sich ein paar grundlegende Gedanken zum Thema machen möchte (vgl. Crary 2014).

Aufgabenverwaltung (Getting Things Done)

Mein Gehirn arbeitet offensichtlich ziemlich selektiv. Manche Dinge kann ich mir problemlos merken, vor allem wenn ich sie gelesen habe. Auch wenn es noch so absurde Kleinigkeiten sind. Dafür vergesse ich zum Teil Sachen, die mir Menschen erzählen, auch wenn sie wichtig für mich sind. Ich tue das nicht mit Absicht, ich würde es gern ändern, aber leider funktioniert es nicht. Sorry!

Irgendwann ging es mir so auf die Nerven, dass ich beschloss etwas zu tun. Es ist ja nicht nur, dass ich immer wieder in unangenehme Situationen kam. Hinzu kam, dass es immer auch im Hinterkopf nagte: „Habe ich auch nichts vergessen? Da war doch noch was… Was war das nur?" Ich beschloss etwas zu tun und legte meine erste To-Do-Liste an. Ich nahm einfach irgendeine App, wahrscheinlich sogar eine vorinstallierte auf meinem damaligen Android-Phone und fing an, munter alles aufzuschreiben, was mir so in den Sinn kam. Das ist sicher eine Variante, mit der manche leben können. Ich stieß aber relativ schnell an meine Grenzen.

Ich wollte verschiedene Lebensbereiche gesondert erfassen. Unterschiedliche Projekte verfolgen. Prioritäten setzen. Langfristig planen. Und natürlich am Ende des Tages das gute Gefühl haben, etwas geschafft zu haben. Ich brauchte also eine App, die all das kann. Gleichzeitig sollte sie aber auch schön designt sein. Schließlich würde ich sie jeden Tag mehrmals benutzen und wenn mir ein Design nicht gefällt, kann ich nicht auf Dauer damit arbeiten. Zum Glück hörte ich damals schon einige Podcasts, die Technik und Produktivität zum Gegenstand haben. So stieß ich zum einen auf das Getting-Things-Done-Konzept und zum anderen auf OmniFocus als begleitende App.

Getting Things Done (GTD): Klassiker der Produktivität

Getting Things Done ist ein Konzept des US-Amerikaners David Allen, der Anfang der 2000er sein erstes Buch darüber schrieb (vgl. Allen 2002). Seitdem wurde es aufgegriffen, verbreitet, diskutiert und angepasst. Neben Allens eigenen Büchern haben bereits viele andere Autor*innen Blogartikel, Bücher und Podcasts damit gefüllt. Ich werde hier also nicht das Rad neu erfinden und auch nicht im kleinsten Detail nacherzählen, wie GTD funktioniert. Für alle, die an David Allens Urform interessiert sind, habe ich am Ende eine Reihe an Leseempfehlungen. Ein guter Einstieg ist überraschenderweise auch der Wikipedia-Eintrag zu GTD (vgl. Wikipedia 2019).

Statt die Methode haarklein nachzuerzählen, möchte ich nur einen kurzen Eindruck vermitteln und dir zeigen, wie ich sie persönlich jeden Tag nutze und damit deutlich produktiver geworden bin. Der Clou ist, dass ich wirklich nur noch dieses eine System habe, in dem alle meine Aufgaben erfasst sind. Was dort nicht drin ist, existiert nicht. So kann ich immer sicher sein, dass mir nichts durch die Finger rutscht. Ein unschätzbarer Zugewinn an innerer Ruhe.

Die Grundidee ist dabei wirklich simpel: Alle, wirklich alle Aufgaben werden in einer Inbox bzw. dem Eingang gesammelt. Ich rede hier natürlich von einer digitalen Inbox. Darunter kann man sich einen digitalen Ort vorstellen, in den alles ungeordnet reinkommt, was mir so an Aufgaben durch den Kopf geht. Im Kapitel zum Speichern und Verwalten von Dateien wird dir dieses Konzept auch noch begegnen. Sobald mir eine neue Aufgabe einfällt, trage ich sie dort ein, damit ich sie auch auf gar keinen Fall vergesse und sie gleichzeitig aus meinem Kopf ist. Hinzu kommt noch ein physischer Eingang, in den ich z.B. Briefe lege.

Einmal in der Woche arbeite ich nun meinen Eingang durch. Ich persönlich tue das immer sonntags, weil ich da Zeit und keine anderen Verpflichtungen habe. Natürlich kann man dieses Durcharbeiten auch öfter tun, wichtig ist nur, dass du es regelmäßig machst. Teilweise kategorisiere ich Aufgaben auch direkt beim Erfassen, z.B. dann wenn ich weiß, dass sie zeitnah erledigt werden müssen und nicht erst noch bis zum nächsten regulären Durchlauf warten können.

Aber wie geht man denn nun regulär vor? Es ist ganz einfach: Du fängst einfach mit dem Objekt an, was ganz oben in deinem Eingang ist. Als erstes nutzt du die Zwei-Minuten-Regel und entscheidest, ob du diese Aufgabe innerhalb von zwei Minuten erledigen kannst. Ja? Dann mach es und streiche sie danach von der Liste. Nein? Dann kategorisiere sie. David Allen sieht vor, dass einer Aufgabe zunächst ein Kontext zugewiesen wird. Das kann z.B. sein, wo du die Aufgabe erfüllst. Sinnvoller ist aber wohl die Ressource, die du hierfür benötigst, also beispielsweise Telefon oder Computer. Zunehmend werden aber auch Schlagworte, sogenannte Tags genutzt, was im Grunde sinnvoller ist. In der ursprünglichen Methode konnte man immer nur einen Kontext pro Aufgabe setzen. Demgegenüber können aber beliebig viele Tags zu einer Aufgabe hinzugefügt werden. Beispielsweise eine Kombination aus Ort und Gegenständen. Auch Tags für Personen, oder Energielevel sind denkbar.

Im nächsten Schritt schaue ich, ob zum Vollenden eines Ziels, mehr als eine Aufgabe nötig ist. Ab zwei Aufgaben spricht David Allen von einem Projekt. Kreiere also ein sinnvolles Projekt und füge die entsprechende Aufgabe hinzu. Wichtig ist hier, dass immer schon der nächste Schritt mitgedacht und entsprechend erfasst ist. So können Projekte nicht im System „rumliegen" und vergessen werden. Natürlich kann es auch immer mal vorkommen, dass ein Projekt gerade nicht in deinen Händen liegt, weil du z.B. auf Rückmeldung durch andere wartest oder es sich um ein kollaboratives Projekt handelt. In diesem Fall kann man eine ‚Warten auf…'-Aufgabe hinzufügen oder sie mit einem entsprechenden Kontext versehen. Das hat den Vorteil, dass du erstens das Projekt nicht aus den Augen verlierst, da es ja eine aktuelle Aufgabe gibt (auch wenn du sie nicht erfüllen musst) und zweitens du mit einem kurzen Blick auf den Warten-Kontext sehen kannst, an welchen Stellen du gerade auf andere wartest.

Solltest du beim Durcharbeiten des Eingangs auf Ideen und Projekte stoßen, die sich nicht in näherer Zukunft umsetzen lassen, kannst du ein Irgendwann-Projekt starten. Dort kommt dann all das rein, was vielleicht in der Zukunft mal interessant wird.

Bei der wöchentlichen Revision wirst du dann auch immer wieder auf diese undefinierten Ideen aufmerksam gemacht und vielleicht ist ja eines Tages die Zeit gekommen, um daraus ein echtes Projekt zu machen.

Wenn du auf diese Weise deinen Eingang durcharbeitest, hast du in Windeseile all deine Aufgaben kategorisiert. Jede Aufgabe sollte ggf. mit einem Kontext, einem Projekt und – am wichtigsten – einem Datum bis wann sie erfüllt sein muss, versehen sein. Hier kann man aber auch flexibel vorgehen. Ich persönlich ordne z.B. jeder Aufgabe ein Projekt, aber nicht jeder einen Kontext zu. Man kann hier auch mit Labeln experimentieren und Aufgaben danach kategorisieren, ob sie ein hohes, mittleres oder niedriges Energielevel erfordern. Manche fügen auch Schätzungen hinzu, wie lang das Erledigen dieser Aufgabe dauert. Da ist jeder individuell und man sollte das nutzen, was für einen selbst am besten passt. Ausprobieren wird dich hier zum Erfolg führen.

Letztendlich habe ich aber nun eine Liste für jeden Tag mit einer Reihe an Aufgaben und kann sicher sein, nie wieder etwas Wichtiges zu verpassen. Dabei ist es völlig unerheblich, ob es nur darum geht die Blumen zu gießen oder ich meine Doktorarbeit schreibe. Das Grundprinzip des Erfassens und Kategorisierens bleibt immer gleich. Natürlich variieren die Projekte beträchtlich in ihrer Größe. Dennoch bleibt das Prinzip dasselbe.

Ein weiterer wichtiger Aspekt ist die Wiedervorlage. Ich habe viele Aufgaben in meinem System, die sich wiederholen. GTD-Apps haben dafür entsprechende Funktionen eingebaut. Dabei kann es sich um täglich wiederkehrende Aufgaben wie meine tägliche Meditation handeln, um eine Erinnerung die Blumen zwei Mal die Woche zu gießen oder meine Festplatte aufzuräumen, was ich ungefähr zwei Mal im Jahr tue. Hier ist man völlig flexibel und kann die Wiederholungszeiträume und -intervalle den eigenen Bedürfnissen anpassen.

Ein letzter wichtiger Punkt ist die wöchentliche Revision, die oben schon anklang. Ich verbinde sie mit dem Durcharbeiten der Inbox. Es geht dabei darum, einen Blick auf alle meine Aufgaben, Projekte und Kontexte zu werfen und sie ggf. anzupassen. Trotz aller Vorsicht und Gewissenhaftigkeit können Aufgaben mal durchrutschen oder Projekte plötzlich nicht mehr relevant sein. Dafür ist die Revision gedacht. Ich klicke mich also durch meine Projekte, passe unter Umständen einzelne Aspekte an und markiere sie hinterher als überprüft. Auch hierfür haben manche To-Do-Apps entsprechende Funktionen.

Vielleicht fragst du dich jetzt, was man denn mit Terminen tut? Die Antwort ist einfach: Sie kommen in den Kalender. Termine haben meiner Meinung nach nichts in einer To-Do-Liste zu suchen. Ein einfaches Beispiel: Ich sehe in meiner To-Do-App, dass der halbjährliche Zahnarztbesuch mal wieder dran ist. Die Aufgabe, die ich also eintrage, ist Zahnarzt anrufen. Wenn ich das getan habe, trage ich den Termin in meinen Kalender ein. Genauso verhält es sich, wenn ich einen Spieleabend mit Freund*innen organisieren möchte. Der Spieleabend selbst steht als Termin in meinem Kalender. Dass ich die Wohnung aufräume, Knabbereien und Wein kaufen muss, sind Aufgaben in meiner App.

Nach ein wenig Übungszeit wird dieses Vorgehen in Fleisch und Blut übergehen. Ich selbst könnte mir ein Leben ohne GTD nicht mehr vorstellen. Ich genieße einfach die mentale Ruhe, die mir GTD liefert. Ich weiß, dass ich nichts mehr vergessen kann. Wenn sich eine neue Aufgabe auftut, schmeiße ich sie direkt in meine Inbox – und bearbeite sie von dort an nach festgelegten Schritten weiter, bis sie erledigt ist. Auf S. 45 ist eine Visualisierung, wie GTD im Einzelnen umgesetzt werden kann.

OmniFocus: Meine App der Wahl (MacOS/iOS)

Die beste Theorie nutzt aber nichts ohne ein entsprechendes Tool zur Umsetzung. In anderen Worten: Man benötigt eine passende App. Diese sollte im Idealfall schon entlang der GTD-Methode aufgebaut sein, damit man sich nicht irgendwelche Hacks einfallen lassen muss. Außerdem sollte die App natürlich solide entwickelt sein. Nichts ist nerviger, als wenn die Technik das eigene Arbeiten ausbremst. Und drittens sollte sie für alle Geräte optimiert sein, die man nutzt. Aufgaben, Ideen und Gedanken warten nicht. Im Gegenteil; es ist eine der Grundlagen, neue Aufgaben schnellstmöglich im Eingang zu sichern. Deshalb muss ich mein Handwerkszeug immer dabeihaben.

Meine Wahl war von Beginn an OmniFocus. Damit bin ich so glücklich, dass ich noch nie ernsthaft über den Wechsel zu einer anderen App nachgedacht habe. Ja, ich habe andere ausprobiert. Mehr aber auch nicht. Ich möchte aber gleich drei Dinge vorwegnehmen, da OmniFocus nicht für jede*n etwas sein wird. Zum einen richtet sich die App an Power-User. Sie ist also sehr umfangreich, manche würde vielleicht sagen kompliziert. Ich sehe das zwar nicht so, aber man benötigt definitiv eine gewisse Zeit, um die App komplett zu durchdringen.

Zum anderen kostet OmniFocus natürlich etwas. Und zwar nicht mal wenig. Zum Glück hat die OmniGroup (die Entwickler*innen dahinter) ein Bildungsprogramm für Studierenden und alle, die anderweitig im Bildungssektor beschäftigt sind[2]. Eine Einzellizenz der Standard-Version kostet 29,99$, die Pro-Version 30 Dollar mehr.

Und zum dritten ist die App nur für MacOS und iOS verfügbar. Wer Windows nutzt, kann dieses Unterkapitel überspringen und direkt zum Abschnitt über Todoist gehen.

Nur mit der Mac-Version kann ich aber leider nicht sinnvoll arbeiten. Ich möchte OmniFocus auch auf meinem iPad und/oder iPhone nutzen. Ergo kommen noch einmal Kosten hinzu. Und da es für iOS keine Bildungspreise gibt, kostet das entweder 49,99$ (Standard) oder satte 74,99$ (Pro). Insgesamt muss man also selbst im günstigsten Fall mit knapp 80$ oder gut 70€ rechnen. Viel Geld, vor allem für Studierende. Allerdings sollte man auch bedenken, dass diese App ein täglicher Begleiter wird und das eigene Arbeiten massiv erleichtert. Mir war es das wert und ich bereue keinen einzigen Cent. Ich empfehle hier auf jeden Fall, zunächst die Probeversionen zu testen. Die gibt es sowohl für den Mac, als auch iOS. Danach kann man sich immer noch entscheiden. Einfach zwei Mal weniger feiern gehen und man hat das Geld locker wieder drin.

Was macht OmniFocus nun aber so besonders für mich? In erster Linie die durchdachte Komplexität. Man merkt der App die lange Entwicklung an und das ist überhaupt nicht negativ gemeint. Seit dem neuesten Update von Version 2 auf 3 sieht

---

[2] Die vergünstigten Versionen lassen sich hier beziehen: https://store.omnigroup.com/edu.

auch das Interface wieder deutlich frischer aus. Und in erster Linie möchte man ja eh Funktionalität. Und die bekomme ich hier en masse.

Projektübersicht in OmniFocus. Quelle: Screenshot

Außerdem verfügt OmniFocus über einen sehr soliden Sync-Mechanismus mit dem ich verschlüsselt meine Datenbank zwischen all meinen Geräten synchronisieren kann. Kleine Spielereien wie der Dark-Mode runden das Bild ab.

Der Aufbau: Durchdachte Komplexität

Ich habe OmniFocus in drei Spalten organisiert: links die verschiedenen Perspektiven. Perspektiven sind in OmniFocus gespeicherte Suchen, die Aufgaben aufgrund bestimmter Charakteristika gruppieren und schnell wieder aufrufbar machen. Es gibt zum Beispiel die Inbox-Perspektive, wo ich nur sehe, was gerade in meiner Inbox liegt (die dahinter liegenden Charakteristika sind, dass eine Eigenschaft weder Tag noch Projekt zugeordnet bekommen hat). Es gibt eine Projekte- und eine Kontexte-Perspektive. Hinzu kommt die Vorausschau, in der man sieht, was heute und die nächsten Tage so ansteht, eine Markiert-Perspektive für Aufgaben, die als besonders wichtig markiert wurden und eine Überprüfen-Perspektive für die wöchentliche Revision. Hinzu kommen dann noch individuelle Perspektiven, die man selbst anlegen kann – sofern man die Pro-Version nutzt. Ich habe zum Beispiel eine extra Perspektive mit der ich mit einem Klick auf alles zugreifen kann, was mit meinem Blog zu tun hat. Eine andere Perspektive zeigt mir alles zu meiner Promotion. Selbst gebaute Perspektiven sind besonders dann nützlich, wenn ein Lebensbereich mehrere Projekte umfasst.

Aber zurück zum Aufbau. In der großen Hauptspalte in der Mitte spielt nämlich die eigentliche Musik. Dort werden alle Aufgaben angezeigt. Die jeweiligen Details können natürlich angepasst werden, je nach persönlichen Vorlieben. Ich lasse mir dort lediglich den Projektnamen, Fälligkeitsdatum, und ein Notizfeld anzeigen. Das reicht mir völlig aus. Wer möchte, kann aber auch Tags, ein Zurückstelldatum, die geschätzte Dauer, sowie das Abschlussdatum anzeigen lassen. Das ist wirklich jedem und jeder selbst überlassen und richtet sich nach den persönlichen Präferenzen. Ich hatte lange Zeit auch den Kontext mit dabei. Da ich aber stärker in Projekten und weniger in Kontexten denke, habe ich es raus genommen – Vereinfachung wenn möglich, ist immer eine gute Idee.

Der Inspektor, Quelle: Screenshot

Wählt man dann eine Aufgabe an, zeigt sich auch die dritte Spalte – der Inspektor. Unter einem Inspektor kann man eine Art Übersicht mit allen Eigenschaften einer Datei verstehen. In Fotoverwaltungen werden hier z.B. die Megapixel, Brennweite und der Ort der Aufnahme angezeigt. Der Omnifocus Inspektor ist in sechs Blöcke eingeteilt. Zuerst wird logischerweise der Titel aufgeführt, dann der Status der Aufgabe (aktiv/erledigt). Es folgt das zugehörige Projekt und ein Abschnitt für Tags. An vierter Stelle folgt ein größerer Block für alles, was mit Zeit zu tun hat: die geschätzte Dauer, das Startdatum, das Fälligkeitsdatum, sowie das Abschlussdatum. Der fünfte Block ist für jede Art der Wiederholung zuständig und im sechsten Block findet sich ein Feld für weiterführende Notizen.

Eine typische Woche mit OmniFocus

Ein typischer Workflow sieht dann bei mir so aus, dass ich wirklich immer versuche, neue Aufgaben sofort zu erfassen. Natürlich geht es manchmal nicht. Meist aber schon. Und in diesen 98% der Fälle schnappe ich mir das Gerät, was am nächsten ist: mein Mac, das iPad oder – und das ist der häufigste Fall – mein iPhone. Bin ich gerade nicht völlig in Eile, kümmere ich mich auch direkt um die jeweilige Aufgabe, versehe sie mit einem oder mehreren Tags (manchmal), sowie einem Projekt und natürlich dem Datum bis zu dem sie erledigt sein muss (immer). Jeden Sonntag habe ich dann eine wiederkehrende Routine. Dort kümmere ich mich darum, dass die Dokumente, die ich die Woche über ansammele auch sinnvoll abgelegt werden.

Zu dieser Routine gehört aber eben auch, noch nicht bearbeitete Aufgaben aus der Inbox entsprechend zu bearbeiten. So setze ich die GTD-Methode um und stelle sicher, dass nichts verloren geht. Und natürlich steht auch die Revision wöchentlich an. Die Erfahrung hat mir gezeigt, dass es sehr hilfreich ist, sich all seine Aufgaben und Projekte einmal in der Woche anzuschauen. Zu oft verschieben sich Prioritäten in Projekten. Auch die „Irgendwann"-Liste freut sich über Aufmerksamkeit, da sie ja ohne Daten auskommt und daher selten im Fokus steht. Oftmals schaue ich sonntags dann darauf und denke mir: „Stimmt, das wollte ich ja mal machen!" und schreibe es für die kommende Woche in meinen Kalender.

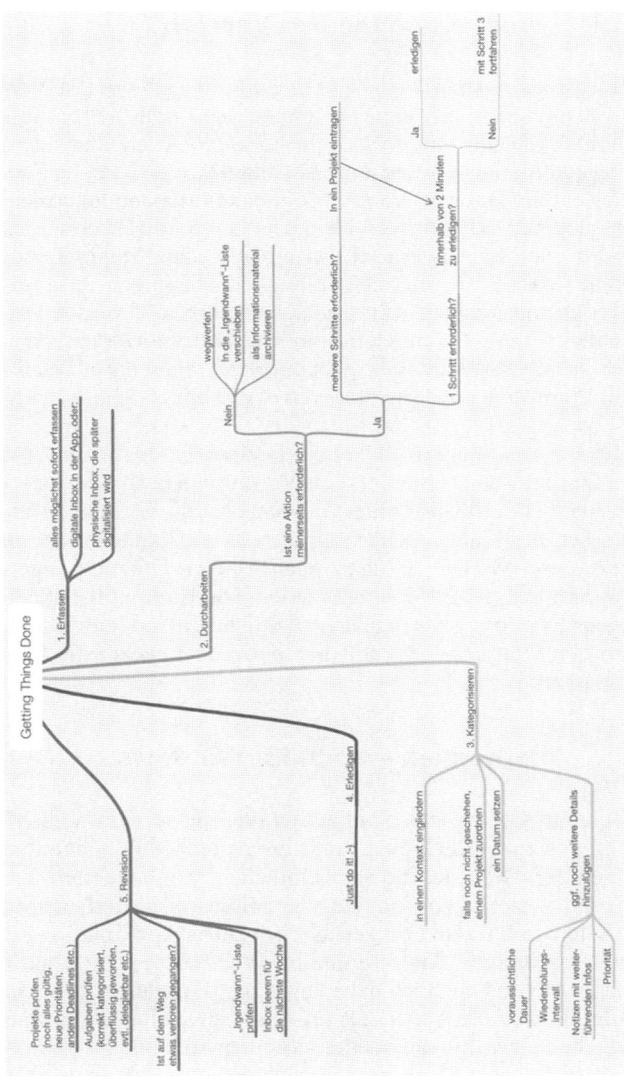

Getting Things Done visualisiert: So kann man sich die einzelnen Schritte bildlich vorstellen. Quelle: eigene Darstellung

Lohnt sich die Pro-Version?

Um es kurz zu machen: Für die meisten lohnt sich die Pro-Version wohl eher nicht. Sie kann beispielsweise Apple-Scripts ausführen. Das ist eine Möglichkeit, bestimmte Aktionen auf dem Mac zu automatisieren und eine absolute Power-User-Option. Deutlich interessanter ist da die Möglichkeit, eigene Perspektiven anzulegen. Den Mehrwert habe ich oben schon beschrieben. Dies ist in meinen Augen auch der einzige echte Mehrwert für die breite Masse. Ob das aber allein den happigen Aufpreis rechtfertigt, muss jede*r selbst entscheiden. Neben diesen beiden Features kommt nämlich nur noch ein Fokus-Modus hinzu, der alles außer das aktuelle Projekt ausblendet und die Möglichkeit, die Anordnung der Perspektiven in der linken Spalte zu ändern.

Meine Empfehlung ist daher ein Dreischritt: Teste zunächst mit der kostenlosen Probierversion, ob OmniFocus überhaupt etwas für dich ist. Falls ja, solltest du zunächst die Standard-Version kaufen und dabei nicht vergessen, den Bildungsrabatt zu beanspruchen. Merkst du dann nach einiger Nutzungsdauer, dass du wirklich die Pro-Features willst, kannst du immer noch upgraden. Vom Preis her macht es nämlich keinen Unterschied, ob man den Upgrade-Mechanismus nutzt oder gleich die Pro-Version kauft.

Alternativen – auch für Windows

Und wenn dir OmniFocus nicht zusagt oder du Windows nutzt? Dann gibt es zum Glück eine Reihe an anderen Möglichkeiten. Da wären zum Beispiel die sehr einfachen Möglichkeiten wie Wunderlist, welches vor kurzem von Microsoft gekauft wurde und in Microsoft To Do übergehen wird. Diese App funktioniert auch unter Windows, Android und im Web. Diese Multifunktionalität ist toll und auch ich habe lange Zeit Wunderlist genutzt.

Allerdings ist die App nichts für Anspruchsvolle. Wenn man nur mal eben einen Einkaufszettel schreiben oder den Frühjahrsputz organisieren will, ist die App ausreichend. Sobald es aber anspruchsvoller wird, hat man keine Chance mehr. Wunderlist bietet einfach viel zu wenige Möglichkeiten, um langfristige Projekte zu managen. Das gleiche gilt für Bordmittel wie Apple Reminders oder die vielen verschiedenen Lösungen von Android Smartphones.

Was sind also sinnvolle Alternativen? Für den Apple-Kosmos fallen mir zwei ein: Things 3 und Todoist, die ich gern kurz vorstellen möchte. Things 3 von Cultured Code[3] konnte ich bisher leider nicht selbst testen, weshalb ich mich mit Wertungen zurückhalten möchte. Allerdings hat Ryan Christoffel auf Macstories.net[4] die App ausführlich unter die Lupe genommen (vgl. Christoffel 2017). Leider gibt es hier keine Testversion.

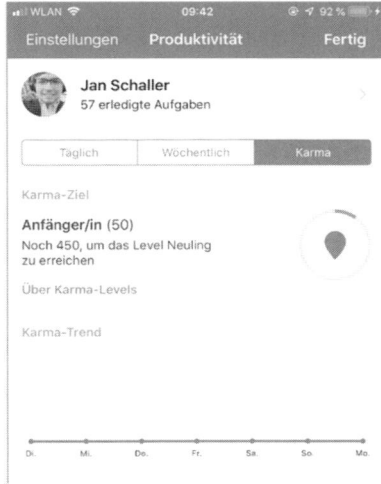

Quelle: Screenshot

Bleibt also mit Todoist[5] noch eine App, die ich selbst schon für längere Zeit im Einsatz hatte. Mein Fazit war, dass ich Todoist vorbehaltlos empfehlen kann. Es ist modern und übersichtlich designt, umfasst alle wichtigen Funktionen, ist durchdacht konzipiert und auch in der kostenlosen Version gut nutzbar. Allem

---

3 https://culturedcode.com/things/
4 https://www.macstories.net/reviews/things-3-beauty-and-delight-in-a-task-manager/
5 https://de.todoist.com

voran: Todoist ist auf diversen Plattformen zuhause: Windows, MacOS, Android, iOS und sogar im Browser.

Hinzu kommen zwei Faktoren, die Todoist herausstellen: Natural Language Processing und Gamification-Elemente. Ersteres bedeutet, dass man einen Eintrag einfach so eingeben kann, wie man es auch sagen würde. Hier ein kurzer Screencast, der zeigt was ich meine:

Video: https://vimeo.com/303887447, Quelle: Screencast

Der zweite Aspekt ist das Thema Motivation durch spielerische Elemente. Für jede erledigte Aufgabe bekommt man ein paar Punkte, in Todoist Karma genannt. Außerdem kann man sich Tagesziele setzen und für das Erreichen dieser weitere Punkte bekommen. Wenn man genügend Karma-Punkte sammelt, kann man verschiedene Karma-Level erreichen. Sicherlich eine Spielerei, aber wer empfänglich für Gamification ist, wird dieses Feature schätzen. Alle anderen ignorieren es einfach.

Die Premium-Version kostet übrigens 36€ im Jahr, ist also ein Abo und kein Einmal-Preis. Hiermit hat man Zugriff auf Features wie Aufgabenerinnerungen per Pushmitteilung, die Möglichkeit Dateien zu Aufgaben hinzuzufügen oder Etiketten (Labels bzw. Tags in OmniFocus) zu nutzen und noch einiges mehr. Ich bin aber der Meinung, dass Todoist auch ohne diese Zusatzfeatures gut nutzbar ist.

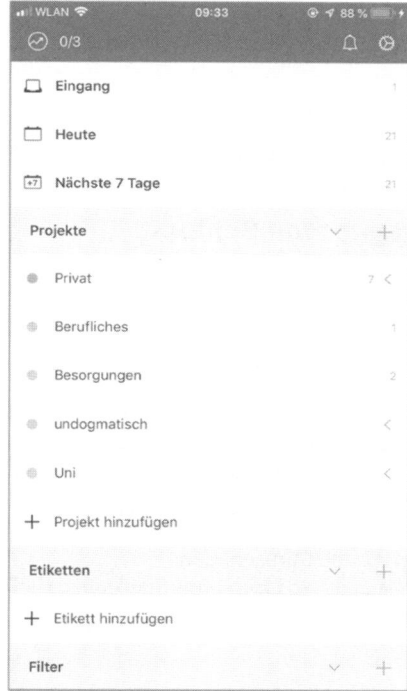

Todoist auf dem iPhone, Quelle: Screenshot

Wenn Todoist so gut ist, wieso bin ich dann nicht einfach dabei geblieben? Der Hauptgrund war, dass es mir nicht komplex genug ist. Todoist offenbart Schwächen, wenn man umfangreiche Projekte managen will oder bestimmte Dinge automatisieren will. Am meisten hat mir aber tatsächlich die GTD-Orientierung von OmniFocus gefehlt. OmniFocus wurde eindeutig als Software-Umsetzung der GTD-Methode entwickelt. Das führt dazu, dass man z.B. ein Revisions-Feature hat, was Todoist völlig fehlt. Wenn man nun GTD und Todoist kombinieren will, muss man sich kleine Hacks einfallen lassen. Eine echte wöchentliche Revision, bei der alle Aufgaben angezeigt werden, die überprüft werden müssen, wird man aber auch so nicht bekommen. Hier muss man also stärker manuell tätig werden und bekommt nicht so viel mit auf den Weg. Das hat mir gefehlt. Deshalb bin ich wieder bei OmniFocus. Wer aber noch nicht so „vorbelastet" ist, sollte sich unbedingt auch mal bei Todoist umschauen. Es ist definitiv die leichtere und schönere App. Außerdem ist Todoist für alle möglichen Plattformen, einschließlich Android und Windows verfügbar.

Das Wichtigste zum Schluss

- Ein leistungsfähiges System für Aufgaben kann dir viel Denkarbeit abnehmen und ist absolut zu empfehlen.
- Getting Things Done ist so ein System und kann auch bequem an die eigenen Erfordernisse angepasst werden.
- Wer eine plattformübergreifende App möchte, die auch toll aussieht, sollte sich bei Todoist umschauen.
- Willst du eine echte Power-User-Option und befindest dich im Apple-Kosmos, ist meine klare Empfehlung OmniFocus 3.

Dateien speichern und organisieren

Wenn ich meinen Papierkram erst einmal digitalisiert habe, wird alles besser! Schließlich habe ich dann endlich keine Kisten voll mit Rechnungen und Belegen mehr oder stapelweise Ordner, die meine Regale verstopfen. Wenn es doch nur so leicht wäre! Es ist nämlich viel einfacher, die etablierte Unordnung aus der Papierwelt ins papierlose Zeitalter mitzunehmen. Ohne Organisationsstrategie für deine Dateien wirst du Schiffbruch erleiden und schon nach kurzer Zeit nichts mehr finden.

Schuld daran hat auch das Konzept des Desktops. Der Desktop repräsentiert den physischen Schreibtisch in der digitalen Welt. Und kann ohne weiteres genauso zugemüllt werden, wie sein realer Gegenpart. Und ruckizucki, wühlst du digitale Stapel durch, wie du es vorher mit denen aus Papier getan hast. Alles andere als optimal.

Aber wie organisiert man denn nun idealerweise seine Dateien? Und wo sollte man sie speichern? Die erste Frage hat zwei Antworten und eine ideale Kombination aus beiden. Für die zweite Frage gibt es nur eine Antwort: in der Cloud. Aber der Reihe nach.

Wohin mit den ganzen Daten?

Bevor es darum geht, wie du deine Dateien am besten organisierst, sollten wir zunächst einmal klären, wo du sie speicherst. Noch vor wenigen Jahren wäre die Antwort ohne zu zögern die eigene Festplatte gewesen. Etwas anderes stand schlicht nicht zur Verfügung. Das brachte eine ganze Menge an Problemen mit sich. Ich kenne aus meinem persönlichen Umfeld mehrere Personen, bei denen fast fertige Arbeiten aus Versehen gelöscht wurden oder Computer kaputt gegangen sind. Die Arbeit war futsch. Ein Notbehelf aus dieser Zeit war es, sich die Arbeit selbst per Mail zu schicken, sodass sie auf dem Mailserver lag und sie man zur Not von dort wiederherstellen konnte.

Mittlerweile haben sich die Zeiten glücklicherweise deutlich geändert. Cloud-Dienste sind allgegenwärtig und kosten entweder gar nichts, oder geringe Summen, wenn man wirklich viel Speicherplatz benötigt. 100 GB bei Google kosten gerade einmal 1,99€ im Monat, bei Dropbox bekommt man immerhin 2GB komplett umsonst. Diese Möglichkeiten sollte man unbedingt nutzen, wenngleich der Umfang von deinen eigenen Abwägungen abhängt. Eine umfangreiche Übersicht über die einzelnen Dienste findest du am Ende dieses Kapitels.

Das Minimum sollte sein, dass du Cloud-Speicher als Backup für einzelne wichtige Dateien, beispielsweise Seminar- und Abschlussarbeiten nutzt. Aber natürlich kannst du dort auch Präsentationen, Vorträge und Ideensammlungen speichern. Lieber ein wenig zu viel, als zu wenig. Solltest du mal aus Versehen etwas löschen, wirst du für ein Backup sehr dankbar sein.

Du kannst dich auch dazu entscheiden, einfach all deine Daten in die Cloud zu schieben. Das hat den großen Vorteil, dass du immer überall auf alles zugreifen kannst, sofern du eine Internetverbindung hast. Außerdem ist natürlich auch alles gesichert. Allerdings holst du dir auch zwei Nachteile ins Boot.

Der erste ist, dass die Gratisangebote höchstwahrscheinlich nicht mehr ausreichen werden, du also für Speicherplatz zahlen musst. Je nachdem wie eng es bei dir mit dem Geld ist, musst du also überlegen, ob es das wert ist. Du kannst das Problem auch umgehen, indem du mehrere Anbieter parallel nutzt und deine Daten auf diese verteilst – dann hast du aber natürlich wieder ein schlechteres Nutzungserlebnis.

Ein zweiter Nachteil ist, dass du ein Stück weit die Kontrolle über deine Daten abgibst. Denk immer daran: Es gibt keine Wolke, nur die Computer anderer Menschen. Sobald du Cloud-Dienste nutzt, liegen deine Daten und Dokumente auf anderen Computern. Google, Dropbox und Co. sichern die Dateien natürlich mehrfach, Dateiverluste sind aber natürlich dennoch möglich. Allerdings muss man unbedingt dazu sagen, dass die Systeme mittlerweile so ausgeklügelt sind, dass Datenverluste auf der heimischen Festplatte wahrscheinlicher sind, da die großen Anbieter ihr Geld damit verdienen und viel Expertise in diesem Bereich haben. Ich verweise daher auf das Kapitel zu Backups in diesem Buch, die essentiell für den eigenen Seelenfrieden sind. Und auch Geheimdienste freuen sich natürlich über Clouddaten, da sie zu diesen oft geheime Hintertüren haben, wie die Enthüllungen von Edward Snowden gezeigt haben. Auf der anderen Seite sollte das natürlich niemanden daran hindern, die eigene Seminararbeit in der Cloud zu speichern. Lediglich bei wirklich sensiblen Dokumenten kann man nochmals genauer über das Thema nachdenken. Gerade bei Daten Dritter oder auch Forschungsdaten können zudem Datenschutzgründe gegen eine Speicherung in Clouds sprechen. Hier gilt es im Einzelfall zu prüfen.

Diese zwei Punkte sind durchaus zu beachten, aber auf keinen Fall ein Dealbreaker. In meinen Augen sind die permanente und geräteübergreifende Verfügbarkeit, sowie die Sicherung der Daten die deutlich größeren Vorteile. Daher plädiere ich dafür, dass du einfach all deine Daten, sprich deine gesamte Ordnerstruktur, in einen Cloudservice auslagerst. Allerdings spreche ich hier nur von Dokumenten. Filme, Musik und Serien würde ich immer auf meiner lokalen Festplatte belassen, da diese nur unnötig Speicherplatz fressen und ich unterwegs sowieso Netflix oder Spotify streame[6]. Alles was du aber für die Uni benötigst, kann ruhig seinen Weg in die Cloud finden.

Damit du einen schnellen Überblick über Vor- und Nachteile, sowie Preise von gängigen Services hast, habe ich dir hier eine Tabelle zusammengestellt für Dropbox, Google Drive, iCloud (Apple), OneDrive (Microsoft), sowie Amazon Cloud Drive[7]. Ein weiterer Tipp ist, auf jeden Fall auch beim Rechenzentrum deiner Universität oder Hochschule nachzuschauen. Vielerorts existieren mittlerweile eigene Cloud-Lösungen, die man kostenfrei nutzen kann.

---

[6] Eine wichtige Einschränkung sind Fotos, die ich auf jeden Fall auch in der Cloud haben möchte, da mir hier Sicherheit über alles geht. Ich möchte einfach ein gutes Backup meiner Fotos haben.

[7] Stand April 2020

	Kostenloser Speicher	Preisstaffelung	Weitere Hinweise
Dropbox	2 GB 3 verknüpfte Geräte	Plus: 2 TB, 9,99/11,99€ pro Monat bei jährlicher/monatlicher Zahlung, unbegrenzte Anzahl an Geräten, 30 Tage Dateiwiederherstellung	• sehr lang am Markt • sehr zuverlässig • Möglichkeit, den igenen Speicher durch Empfehlungen kostenlos aufzustocken
Google One	15 GB	100 GB, 1,99€ monatlich oder 19,99€ jährlich 200GB, 2,99€ monatlich oder 29,99€ jährlich 2 TB, 9,99€ monatlich oder 99,99€ jährlich	• mit Abstand das größte Freikontingent der großen Anbieter • Fotos können bis zu einer Auflösung von 16 Megapixeln kostenlos in unbegrenzter Anzahl gespeichert werden (Fotos mit über 16 MP werden heruntergerechnet)
iCloud	5 GB	50 GB, 0,99€ monatlich 200 GB, 2,99€ monatlich 2 TB, 9,99€ monatlich	• fantastische Integration mit allen möglichen iOS-Apps • Ist als ausgelagertes Dateisystem angelegt • Auch nutzbar für Foto- und Systembackups
Microsoft OneDrive	5 GB	OneDrive 100 GB, 2€ monatlich Office 365 Personal, 1 TB + Office 365, 7€ monatlich Office 365 Family, 6 TB + Office 365, 10€ monatlich für bis zu 6 Personen	• im Paket mit Office 365 (also Word, Excel, Powerpoint etc.) verfügbar
Amazon Drive	5 GB	Amazon Prime, 5 GB + unbegrenzt für Fotos, 69€ jährlich 100 GB, 19,99€ jährlich 1 TB, 99,99€ jährlich 2 TB, 199,98€ jährlich 3 TB, 299,97€ jährlich	• in Amazon Prime sind noch weitere Leistungen integriert, wie die versandkostenfreie Lieferung oder Zugriff auf Amazons Streamingdienst • Für Studierende kostet Amazon Prime nur 34€ im Jahr

Hierarchische Strukturen als Denkmuster

Die meisten werden wohl intuitiv Ordner anlegen, wenn sie ihre digitalen Datenbestände organisieren wollen. Das kann durchaus sinnvoll sein, schließlich sind wir auf diese Art von Hierarchien konditioniert. Das Denken in hierarchischen Kategorien begegnet uns quasi überall. Tiere und Pflanzen werden in dieser Weise geordnet, Unternehmen und Behörden funktionieren oftmals auf diese Weise. Es ließen sich viele weitere Beispiele finden.

Verschachtelte Ordner fühlen sich für die meisten einfach instinktiv richtig an. Da gibt es dann einen großen Ordner für Finanzen mit je einem Unterordner für Rechnungen, Verträge, Versicherungen, Lohnabrechnungen... die Liste könnte problemlos fortgesetzt werden. Sofern man studiert, gibt es wohl den unvermeidlichen Ordner Uni, in dem sich dann Ordner der einzelnen Semester befinden, die wiederum die einzelnen Seminare und Vorlesungen beinhalten, die wiederum einzelnen Sitzungen Platz bieten, die wiederum.. ach, lassen wir das.

Wir sehen also, dass uns Ordner sehr geläufig sind. Und sie haben ja auch nicht zu bestreitende Vorteile. Wer seine Struktur gut kennt und genau weiß, wo er oder sie etwas abgelegt hat, kann sich mit schlafwandlerischer Sicherheit hindurch navigieren und wird in Windeseile, die Datei finden, die er oder sie sucht. Und darum geht es ja: den schnellen Zugriff auf einmal abgelegte Dateien sicherzustellen.

Das große Problem der Uneindeutigkeit

Es gibt aber leider ein schwerwiegendes Problem mit Ordnern: thematische Unschärfe. Bei einigen Dateien ist völlig klar, wohin sie gehören. Eine Rechnung ist eine Rechnung ist eine Rechnung. Keine zwei Meinungen. Also ab damit in den Rechnungsordner.

Aber Moment! Selbst dieser scheinbar einfache Fall kann schon Verwirrung stiften. Was ist denn, wenn ich für die jährliche Steuererklärung alle relevanten Dokumente sammeln möchte? Lege ich dann einen extra Ordner hierfür an und kopiere den

Rechnungsordner rüber? Habe ich ihn dann also zwei Mal auf der Festplatte? Das ist keine gute Idee, da ich mich in Zukunft immer entscheiden müsste, in welchen der zwei Ordner eine neue Rechnung kommt. Oder sie in beide packen, was Platz frisst und unkomfortabel ist.

Für dieses Problem mag man sicherlich noch eine Lösung finden. Viel schwieriger wird es, wenn wir von einem typischen universitären Usecase ausgehen. Ich sammle beispielsweise all meine Seminartexte. Entweder um sie für spätere Arbeiten zu nutzen, oder für den Fall, dass ich selbst in die Rolle des Lehrenden schlüpfe. Ich halte es einfach für eine gute Idee, auf möglichst viele wissenschaftliche Texte zurückgreifen zu können.

Hier gibt es aber ein schwerwiegendes Problem: die thematische Uneindeutigkeit. Was mache ich denn mit einem Text, der sich mit der EU-Nachbarschaftspolitik am Beispiel von Georgien beschäftigt? Stecke ich ihn in einen Ordner zur EU, Unterordner Nachbarschaftpolitik? Oder Internationale Beziehungen – EU – Georgien? Oder lege ich Einzelordner für Ländern an? Oder stecke ich ihn in einen Ordner für das Seminar, in dem ich den Text gelesen habe? Dann würde ich aber wieder jegliche Querverweise beseitigen. Alles irgendwie suboptimal.

Mit Tags zu größerer Flexibilität

An dieser Stelle schaffen Tags bzw. Schlagworte Abhilfe. Tags sind kleine Label, die man an Dateien anheftet. Der große Vorteil ist, dass man beliebig viele Tags an eine Datei kleben kann. Ganz so wie man Sticker auf einen Koffer klebt, um zu zeigen, wo man schon überall war, können mit Tags alle thematischen Verbindungen einer Datei erfasst werden. Der eben genannte Text über die EU, hätte dann beispielsweise die Tags EU, Georgien, Nachbarschaftspolitik. Somit würde er bei jeder Suche nach einem der drei Stichworte auftauchen.

Und da sind wir auch schon beim Punkt: Tags zu nutzen ist ja schön und gut, aber wo sollen die Dateien denn gespeichert werden und wie finde ich sie wieder?

Prinzipiell reichen bei einem Tag-basierten Vorgehen zwei große Ordner für alles. Im ersten sind neue Dateien drin, die noch keine Schlagworte bekommen haben, sozusagen der Eingang bzw. die Inbox. Der zweite Ordner ist das Archiv. Dort landet alles drin, was bearbeitet/gelesen und verschlagwortet ist. So simpel.

Ich kann mir gerade bildlich vorstellen, wie bei einigen von euch der kalte Schweiß ausbricht. Wie? Nur noch ein Ordner für alles? Wie soll ich denn darin jemals etwas wiederfinden? Die Antwort heißt suchen. Man gibt einfach das gesuchte Schlagwort ein, beispielsweise Rechnung und die interne Suche des Filebrowsers spuckt alle Dateien mit dem Tag Rechnung aus. Eigentlich ganz simpel, sofern man sich „traut" und vom alten Ordnerdenken lösen kann.

Aber natürlich gibt es auch hier ein großes Problem. Wenn ich nämlich nur so ungefähr weiß, wonach ich suche, stoße ich schnell an Grenzen. Dann wäre es schöner, wenn ich mich durch Ordnerstrukturen wühlen könnte, meiner Intuition folgend. Das dauert vielleicht eine Weile, wird mich aber irgendwann zum Ziel führen. Und wenn man Pech hat und die verwendete App eine schlechte interne Suche hat, hat man sowieso schon verloren. Gerade Mailprogramme haben oft ihre Probleme, wirklich gute Resultate zu liefern.

Auf einem Bein kann man nicht stehen – Mut zur Kombilösung

Ich habe beide Varianten ausprobiert. Zunächst die „normale" Lösung mit vielen verschachtelten Ordnern. Als ich dann zu Evernote gewechselt bin, nutzte ich nur noch Tags, eine Inbox und ein Archiv. Beides empfand ich als nicht optimal.

Momentan nutze ich einfach den integrierten Filebrowser meines Betriebssystems. Jeder moderne Filebrowser unterstützt sowohl Ordner, als auch Tags und ist damit in der Lage, dieses System zu implementieren.

Dort nutze ich dann die angesprochene Mischstrategie. Einige große Ordner, die grob nach unterschiedlichen Lebensbereichen unterscheiden: eine für alles was mit der Uni zu tun hat, eine für das digitale Büro, eine für meinen Blog Papierlos Studieren und so weiter und so fort. Innerhalb dieser Ordner habe ich dann teilweise weitere große Ordner, um die Daten ein wenig zu strukturieren. So kann ich mich nach wie vor durch Ordner klicken, wenn ich nur ungefähr weiß, was ich will, habe aber nicht das Problem, dass alles so verästelt ist, dass ich mich im Geflecht verliere. Gerade Texte versehe ich aber zusätzlich mit Schlagworten, um die angesprochenen Querverweise zu ermöglichen oder auch smarte Ordner anlegen zu können, die Texte und Dateien aus verschiedenen Ordnern zusammenziehen.

Auf diese Weise bündle ich die unterschiedlichen Vorteile. Ich kann Dateien mehrere Bezüge geben und somit Querverweise erhalten. So baue ich eine Datenbank auf, die dem Gedanken des Internets entspricht und sehr mächtig ist. Gleichzeitig muss ich mich nicht völlig von Ordnerstrukturen lösen, kann sie aber deutlich reduzieren.

Purist*innen der einen oder anderen „Schule" mögen mir Inkonsequenz vorwerfen. Ich für meinen Teil bin mit dieser Mischstrategie aber äußerst zufrieden. Die integrierte Suche meiner Filebrowsers (Apple Finder) ist extrem mächtig, sodass ich immer alles finde, wenn ich weiß wonach ich suche. Und sollte ich das mal nicht so genau wissen, klicke ich mich durch meine wenigen, großen Ordner und kreise das Ziel so ein.

Auf diese Weise habe ich ein leistungsfähiges System, das die Vorteile aus beiden Welten bündelt und die Schwächen gegenseitig ausmerzt. Am Ende steht damit ein enormer Produktivitätsgewinn – und darauf kommt es schließlich an.

Das Wichtigste zum Schluss

- Nutze unbedingt eine Cloud, Online-Speicher kostet mittlerweile wenig und löst viele Probleme.
- Prinzipiell können Dateien in Ordnern oder mit Tags organisiert werden.
- Meine Empfehlung ist eine Mischung aus beidem: Im Mittelpunkt steht immer das schnellstmögliche Wiederfinden von Dateien.

Sicher ist sicher: Backups

Ich erlebe es immer wieder, dass Menschen keine Backups, sprich Sicherungen, ihrer Arbeit machen. Und in 95% der Fälle geht das auch gut. In den restlichen 5% aber nicht – und dann ist das Geschrei groß. Eine ehemalige Mitbewohnerin von mir hätte so fast mal ihre Masterarbeit verloren – kurz vor der Abgabe! Zeit also, auch diesem Thema den gebührenden Rahmen zu geben.

Wieso überhaupt Backups?

Ich will direkt eins vorweg nehmen: Jede Art des Backups ist besser, als keines zu haben. Punkt. Selbst wenn ihr euch jeden Abend eure Seminararbeit selbst per Mail zuschickt, ist das besser als gar nichts zu tun. Aber natürlich ist das nicht der Weisheit letzter Schluss.

Aber wieso sollte man überhaupt Backups ausführen? Aus drei Gründen: menschliche Fehler, menschliches Irren und technischer Verschleiß.

Es passiert schnell, dass man eine Datei mal aus Versehen löscht. Im Normalfall landet sie dann im Papierkorb und man kann sie von dort retten. Allerdings ist das nicht immer möglich. Manche Dateien werden direkt gelöscht, wenn sie beispielsweise sehr groß sind und eine entsprechende Einstellung gewählt wurde. Oder man merkt erst nach Tagen oder Wochen, dass man diese Datei aus Versehen gelöscht hat und mittlerweile wurde sie automatisch vernichtet. Ein weiteres Problem können Apps sein, die nicht klassisch mit Dateien arbeiten, die du im Dateibrowser aufrufen kannst.

Der zweite Fall passiert gar nicht so selten, wenn man mit größeren Projekten zu tun hat, beispielsweise eine Seminararbeit. Man schreibt und schreibt und schreibt und merkt nach einem halben Tag Arbeit, dass man sich heillos in der Argumentation verrannt hat. Das ist ärgerlich, aber manchmal ist ein klarer Schnitt besser als ewiges Herumdoktern. Auch in diesem Fall kann ich mit einem Backup schnell zurückspringen.

Technisches Versagen ist aber sicherlich der wichtigste Grund für Backups. Dabei muss nicht mal der worst case eintreten und die Festplatte kaputtgehen. Es reicht schon völlig, dass einfach irgendetwas mit dem Dateisystem nicht stimmt, eine App abstürzt oder andere nicht nachvollziehbare Dinge geschehen. Schon kann eine Datei beschädigt und nicht mehr lesbar sein. Dann steht man im schlechtesten Fall ohne eigenes Zutun ohne Abschlussarbeit da. Ein Backup hilft auch hier.

Worauf muss ich achten?

Ein Backup sollte drei Anforderungen erfüllen:

- Es sollte automatisch geschehen, denn was von sich aus läuft, kann man nicht vergessen.
- Es sollte regelmäßig in nicht zu großen zeitlichen Abständen ausgeführt werden. Schließlich nutzt mir ein Backup wenig, wenn die letzte Version einen Monat alt ist.
- Und es sollte einfach wieder herzustellen sein und keinen Abschluss in IT erfordern oder irgendwelche sündhaft teuren Programme.

Die gute Nachricht: Sowohl für den Mac, als auch Windows gibt es gute, einfache und vor allem funktionierende Lösungen, die mit wenig Aufwand eingerichtet werden können und dann einfach funktionieren.

Bevor ich aber konkret darüber rede, wie sich Backups unter Mac OS und Windows erstellen lassen, stellt sich noch die Frage nach Größe und Art der Festplatte. Irgendwo muss so ein Backup ja auch gespeichert werden. Dieser Ort kann natürlich nicht die selbe Festplatte sein, die ihr sichern wollt, da es ja unter anderem genau darum geht, euch vor dem Ausfall eurer Festplatte zu schützen. Es muss also eine externe Lösung her.

Zunächst zur Größe. Die gewählte Festplatte sollte doppelt so groß sein, wie die zu sichernde Festplatte. Hat euer Laptop also beispielsweise 512GB an Speicher, sollte die Backup-Platte

1TB haben. So ist sichergestellt, dass alles problemlos gesichert werden kann und auch in Zukunft noch Platz ist. Hier muss man bedenken, dass eure Daten nicht nur ein einziges Mal gesichert werden, sondern in verschiedenen Versionen, also beispielsweise von vor fünf Minuten, vor einer Stunde, vor drei Stunden, von gestern und von vor einer Woche. Das alles benötigt Platz.

Zweitens steht natürlich noch die Entscheidung zwischen einer klassischen HDD und einer SSD an. HDDs beinhalten mechanische Teile, SSD sind quasi viele verbundene Flash-Speicher, so wie sie auch in Smartphones und USB-Sticks verbaut werden. SSDs haben hier diverse Vorteile:

- ohne mechanische Teile verschleißen sie sehr viel weniger
- sie arbeiten dadurch auch geräuschlos
- sie sind deutlich schneller als HDDs
- sie sind leichter und damit portabler

Auf der anderen Seite können aber auch HDDs nach wie vor ein paar Pluspunkte aufweisen:

- sie sind günstiger als SSDs
- man bekommt dadurch mehr Speicherplatz fürs gleiche Geld

Alles in allem überwiegen die Vorteile für SSDs aber deutlich und durch die größere Portabilität und schnellere Lese- und Schreibgeschwindigkeiten lässt sich eine Backup-SSD auch leicht umfunktionieren und als normale externe Festplatte nutzen. Meine Empfehlung ist also, etwas mehr Geld auszugeben und eine externe SSD zu kaufen. Nur wer wirklich knapp bei Kasse ist oder extrem große Datenmengen sichern möchte, sollte sich noch bei HDDs umschauen.

Ich kann an dieser Stelle leider keine verbindliche Kaufempfehlung für eine bestimmte Festplatte aussprechen. Dafür ist der Markt zu unübersichtlich. Orientiert euch am besten an Rankings wie von thewirecutter.com oder Chip.de.

Und noch eine Anmerkung am Rande: Clouds sind kein Backup. Auch in Clouds können Dateien verloren gehen, wenngleich die Anbieter wie iCloud, Google Drive oder Dropbox extrem verlässlich geworden sind. Von daher eher als Ergänzung verstehen, aber natürlich auch gern nutzen.

Eine Lösung für den Mac

Wer sich einen Mac kauft, bekommt eine ganze Reihe sehr nützlicher Software direkt mit dazu. Ein besonders essentielles Programm ist Time Machine. Damit lassen sich ganz hervorragend und ohne extra Software Backups erstellen. Zudem können einzelne Dateien oder Ordner ausgeschlossen werden, die nicht gesichert werden sollen, da sie möglicherweise nicht wichtig sind und nur Platz wegnehmen würden.

Time Machine erstellt nach Einrichtung automatisch

„stündliche Backups für die vergangenen 24 Stunden, tägliche Backups für den vergangenen Monat und wöchentliche Backups für alle vorausgegangenen Monate"

wie Apple auf seiner Support-Seite schreibt. Die ältesten Backups werden erst dann gelöscht, wenn die Festplatte voll ist.

Die Einrichtung ist dabei denkbar einfach. Externe Festplatte anschließen, Time Machine starten, Festplatte als Backup-Medium auswählen, fertig. Von nun an wird Time Machine im Hintergrund arbeiten und Sicherungen erstellen. Apple bietet auch einen umfangreichen Support-Artikel an[8], der das ganze Prozedere nochmal anschaulich beschreibt und auch weiterführende Tipps gibt.

---

8   https://support.apple.com/de-de/HT201250

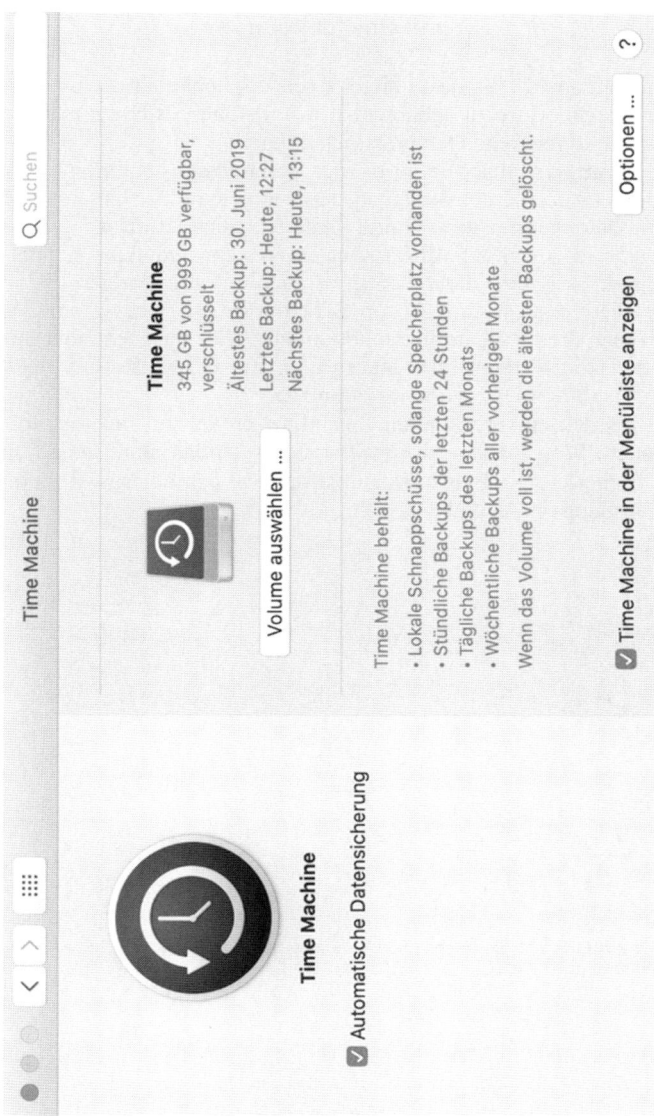

Die Einstellungen für Time Machine, Quelle: Screenshot

... und eine für Windows

Und Windows? Windows bietet zwei Möglichkeiten an, um sich vor Datenverlust zu schützen: Ein vollständiges Systemabbild und der sogenannte Dateiversionsverlauf.

Beim Systemabbild wird – der Name lässt es erahnen – eine komplette Kopie des Gesamtsystems angelegt. Der Unterschied zum Dateiversionsverlauf und Time Machine ist, dass ein Systemabbild vor allem auf das Betriebssystem und seine Einstellungen fokussiert, nicht zwingend auch auf alle Dateien. Es ist vor allem dann wichtig, wenn es Fehler im Betriebssystem gibt und man dieses wiederherstellen möchte. Für uns steht aber das Retten von Dateien im Vordergrund. Zu diesem Zweck bietet Microsoft den Dateiversionsverlauf an.

Zu den entsprechenden Einstellungen kommt man auf folgendem Weg: Start → Einstellungen → Update und Sicherheit → Sicherung → Laufwerk hinzufügen. Auch Microsoft bietet einen Support-Artikel[9].

Unter Windows sind die entsprechenden Einstellungen unter dem Punkt Sicherung zu finden

---

9 https://support.microsoft.com/de-de/help/4027408/windows-10-backup-and-restore

Für Fortgeschrittene: Backup außer Haus

Zuletzt möchte ich noch auf eine Möglichkeit für Profis hinweisen: ein externes Backup. Das ist sozusagen die Versicherung für echte Katastrophen, beispielsweise einen Hausbrand. Dienste wie *Backblaze* bieten Lösungen an, bei denen man ein komplettes Abbild seines Rechners auf externen Servern speichern kann. Das geschieht natürlich verschlüsselt.

Das Prinzip ist hier, dass man ein kleines Programm auf dem Rechner installiert und dieses dann ein Backup an die Server von Backblaze überträgt. Es gibt im Übrigen auch noch andere Anbieter wie Crashplan, die sich aber eher an kleine Unternehmen und weniger an Privatpersonen wenden.

Ich möchte an dieser Stelle aber gar nicht viele Worte über Lösungen wie Backblaze verlieren, da sie wirklich der dritte Schritt vor dem ersten sind und das hier ja ein Buch zum Einstieg ist. Ich wollte dir diese Möglichkeit aber auch nicht vorenthalten. Wer Interesse hat, kann sich das ja einfach mal anschauen. Allerdings kostet Backblaze natürlich etwas: 6$ pro Monat, oder 60$ für ein ganzes Jahr bzw. 110$, wenn man direkt ein zweijähriges Abo abschließt.

Das Wichtigste zum Schluss

- Ein Backup ist besser ein kein Backup. Kümmert euch um eine Lösung.
- Backups sollten automatisiert und im Hintergrund ablaufen, damit man sie nicht vergessen kann.
- Sowohl Mac OS, als auch Windows bringen hierfür Bordmittel mit. Bei Apple Produkten ist das Time Machine, unter Windows das Systemabbild bzw. der Dateiversionsverlauf.
- Ihr benötigt eine externe Festplatte, die möglichst eine SSD ist und mindestens das Doppelte an Speicherkapazität aufweist, wie die zu sichernde Festplatte.

- Clouds können zusätzlich genutzt werden, um einzelne Dateien zu synchronisieren, sind aber kein Ersatz für Backups.
- Wer es wirklich ernst meint, kann die 3-2-1-Regel anwenden. Das bedeutet, dass man 3 Backups auf 2 Medien haben soll, wovon sich eines außerhalb der eigenen Wohnung befindet. In der Praxis könnte das dann so aussehen, dass das erste Backup wichtige Dateien sichert und diese auf eine Festplatte schiebt, die an den Rechner angeschlossen ist. Das zweite Backup könnte ein komplettes Systemabbild sein, welches über das lokale Netzwerk an eine zweite Festplatte kopiert wird, die aber nicht direkt am Rechner ist. Das dritte Backup wird dann extern gelagert und läuft über einen Service wie Backblaze.
- Die Punkte 1 bis 5 gelten für alle. Punkt 6 ist wirklich nur für diejenigen interessant, die auf Nummer sicher gehen wollen. Wer aber die ersten fünf Punkte befolgt, hat schon einen riesigen Schritt in Richtung Datensicherheit getan – und sich damit selbst einen großen Dienst erwiesen.

Das Rückgrat papierlosen Arbeitens: PDF

Wer papierlos wissenschaftlich arbeiten möchte, wird um das PDF-Dateiformat nicht herumkommen. PDF steht übrigens für Portable Document Format und wurde von Adobe eingeführt, dann aber zu einem offenen Standard entwickelt. In der Folge sprossen die PDF-Reader wie Pilze aus dem Boden. Heute ist es DAS elektronische Format für Dokumente, die nicht verändert werden sollen.

Die Frage wieso PDFs so beliebt sind, ist schnell beantwortet. Da wäre zum einen ihre Langlebigkeit. Der PDF-Standard ist mittlerweile fest etabliert und seit sage und schreibe 1993 im Einsatz. Es gibt kein konkurrierendes Dateiformat, womit das langfristige Überleben gesichert ist. Würde man von heut auf morgen die Unterstützung für PDF aus den Betriebssystemen entfernen, wären Milliarden an Dokumenten unbrauchbar. Diese extrem weite Verbreitung ist eine großartige Lebensversicherung für PDF. Ich bin sehr optimistisch, dass wir auch in zehn Jahren noch PDFs nutzen werden.

Die Gründe für diese weite Verbreitung sind die Universalität des Formats und die Unveränderlichkeit von PDF-Dateien. Bei formatierten Text-Dateien habe ich oft das Problem, nicht so genau sagen zu können, wie sie auf einem anderen System aussehen. Was ich mit Microsoft Office schreibe, kann unter Apple Pages anders aussehen, wenn zum Beispiel verwendete Schriftarten nicht zur Verfügung stehen. Generell sind Formatierungen die Achillesferse. Damit es zu Problemen kommt, muss ich nicht einmal das Betriebssystem wechseln. Microsoft Office und das kostenlose Libre Office verstehen sich auch oftmals nicht. Das Resultat sind kaputte Dokumente und viel Ärger beim erneuten Formatieren. PDFs schaffen hier Abhilfe. Einmal als PDF exportiert, bleiben Formatierungen erhalten – egal ob ich die Datei auf einem Mac, Windows-PC oder Linux-Rechner öffne; egal welche App ich nutze.

Der Vorteil der Universalität geht Hand in Hand mit dem zweiten großen Vorteil: der Unveränderlichkeit von PDFs. Klar, solange ich noch an einem Dokument arbeiten möchte, eignet sich PDF nicht. Sobald der Arbeitsprozess aber abgeschlossen ist, möchte ich nicht dass Dritte noch etwas am Text ändern können. Das gilt für Hausarbeiten, Vorlesungsfolien, Stellenausschreibungen, Vertragstexte, Rechnungen und vieles mehr. Was ich in diesen Fällen möchte, ist die digitale Entsprechung einer Buchseite oder eines Briefes. PDF bringt mir genau das: gut dargestellten Text, den ich nicht mehr verändern kann. So wird das digitale Verbreiten von Informationen überhaupt erst möglich[10].

Abschließend sind PDFs auch wegen ihres Looks eine gute Wahl. Es ist ein wenig schwer zu beschreiben, aber wenn man beispielsweise ein Word-Dokument zu PDF exportiert, sieht man einen Unterschied. Das PDF-Dokument sieht einfach ein wenig wertiger aus. Alles ist auf Hochglanz poliert.

Kurz zusammengefasst: PDFs sind das Rückgrat von allem. Sie sind universal, langlebig und können nur unter größten Mühen verändert werden. Damit sind sie die ideale Entsprechung von bedrucktem Papier in der digitalen Welt und bilden die perfekte Grundlage für papierloses Arbeiten an der Uni.

Dokumente scannen und durchsuchbar machen mit OCR

Mit dem papierlosen Arbeiten ist es wie mit jeder radikalen Herangehensweise: Früher oder später wird die eigene Umwelt zum größten Gegner. Die Uni schickt Unterlagen per Post, die Krankenkasse sowieso und natürlich hat dieser rückständige Friedrich Nietzsche seine Texte nicht als PDF veröffentlicht.

---

10 Natürlich können einige Programme auch PDFs verändern. Das geht so weit, dass z.B. PDF Expert den Text von PDFs bearbeiten kann oder neue Grafiken einfügen. Das sind allerdings Sonderfunktionen, die das Format so nicht vorsieht und von den meisten Programmen auch nicht unterstützt werden. Es ist gut, diese Möglichkeit zu kennen, geht aber am Kern des Formats vorbei.

Zum Glück gibt es mittlerweile tolle Scan Apps, die auch OCR[11], also Texterkennung können. Das ist eine unfassbar mächtige Funktion, da man auf diesem Wege Bibliotheken mit tausenden Dokumenten und Büchern innerhalb weniger Sekunden durchsuchen kann. Bei OCR wird zusätzlich zum Bild des Textes noch eine Textschicht über das Bild gelegt, sodass man Text markieren, kopieren oder durchsuchen kann. Etwas das bei einem Bild von einem Text nicht geht.

Da Smartphones und auch Tablets mittlerweile richtig gute Kameras verbaut haben, sind auch die Zeiten vorbei, in denen man unbedingt einen Scanner besitzen musste. Natürlich gibt es Miniscanner, die man auch unterwegs nutzen kann. Und wer schon mal versucht hat, ein ganzes Buch einzuscannen, wird schnell gemerkt haben, dass dies nur mit einem richtigen Buchscanner sinnvoll zu bewerkstelligen ist. Für 95% der Fälle wird eine Scan-App aber ausreichend sein. Hinzu kommt, dass Scan-Funktionen mittlerweile oft sogar schon in die Kamera-Apps der mobilen Betriebssysteme eingebaut sind, inklusive Künstlicher Intelligenz, die Blattkanten erkennt und schief aufgenommene Bilder gerade zieht. Für einen schnellen Scan reicht das meist schon aus.

Welche App du für mobiles Scannen nimmst, ist eigentlich zweitrangig, da sich die meisten nicht großartig unterscheiden. Du solltest bei der Auswahl nur unbedingt darauf achten, dass OCR direkt eingebaut ist. Sonst hast du plötzlich ganz viele PDF-Scans, kannst damit aber nicht sinnvoll arbeiten, da die Wörter nicht erkannt wurden.

Ich persönlich nutze immer mal wieder eine andere App, um zu schauen was der Markt so hergibt. Ich habe schon *Scanbot*[12], *Scanner Pro*[13] oder *Microsoft Office Lens*[14] genutzt, momentan ist *FineScanner*[15] im Einsatz. Daran siehst du schon, dass sich diese Apps alle nicht viel nehmen. Sie sind so beliebig, dass man

---

11 OCR steht für Optical Character Recognition, also Optische Zeichenerkennung.
12 https://scanbot.io/de/index.html
13 https://readdle.com/de/scannerpro
14 https://www.microsoft.com/de-de/p/office-lens/9wzdncrfj3t8?activetab=pivot:overviewtab
15 https://www.finescanner.com/de/

ständig eine andere verwenden kann, ohne dass es die eigene Arbeit wirklich einschränkt.

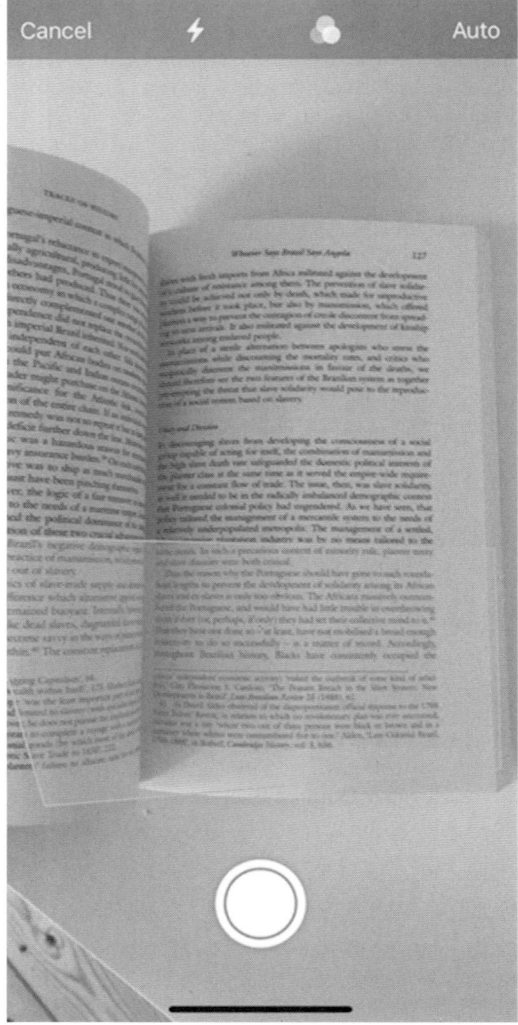

Das Scan-Interface in Apples Notizen-App

Umgekehrt lässt sich damit aber auch sagen, dass du dir einfach eine aussuchen und dann immer nutzen kannst. Du kannst zum Beispiel auch einfach bei der hauseigenen Lösung bleiben, die dir Microsoft und Apple mitgeben. Office Lens von Microsoft ist beispielsweise nicht nur für Windows, sondern auch iOS/iPad OS verfügbar und stellt eine gute Lösung für gemischte Set-Ups dar (also z.B. iPhone + Windows-Laptop). Wer komplett im Apple-Kosmos zuhause ist, kann den integrierten Dokumenten-Scanner nutzen, den man sowohl aus der Dateien-App, als auch aus Notizen heraus starten kann. Wähle einfach die Lösung, die für dich am problemlosesten umzusetzen ist und bleib dann dabei.

An dieser Stelle auch ein kurzes Wort zum dazugehörigen Workflow. Für die meisten Anwendungsfälle empfehle ich, OCR einfach auf dem Smartphone zu nutzen und nicht erst später auf dem Laptop. Der Grund ist einfach: der Preis. Apps für das Smartphone, die OCR beherrschen sind ungleich günstiger als OCR-Programme für Laptops. Außerdem ist es auch ein einfacherer Arbeitsablauf, wenn man die Worterkennung direkt nach dem Scannen durchführt, da man so beide Schritte bündelt und dann ein bearbeitbares PDF abspeichern kann.

PDF Reader und Editoren

Natürlich stellt sich noch die Frage, welchen PDF Reader man nutzen sollte. Im Appstore gibt es unheimlich viele Anbieter und es würde den Rahmen sprengen, hier auch nur annähernd alle zu besprechen. Deswegen möchte ich mich auf jeweils zwei Möglichkeiten für Windows sowie Apple beschränken, die ich aus eigener Erfahrung kenne: die Vorschau-App von Apple und *PDF Expert*[16], sowie die *Reader-App*[17] von Microsoft und den *PDF XChange Editor*[18].

---

16 https://pdfexpert.com/de
17 https://www.microsoft.com/de-de/p/reader/9wzdncrfhwg5?activetab=pivot:overviewtab
18 https://www.tracker-software.com/product/pdf-xchange-editor

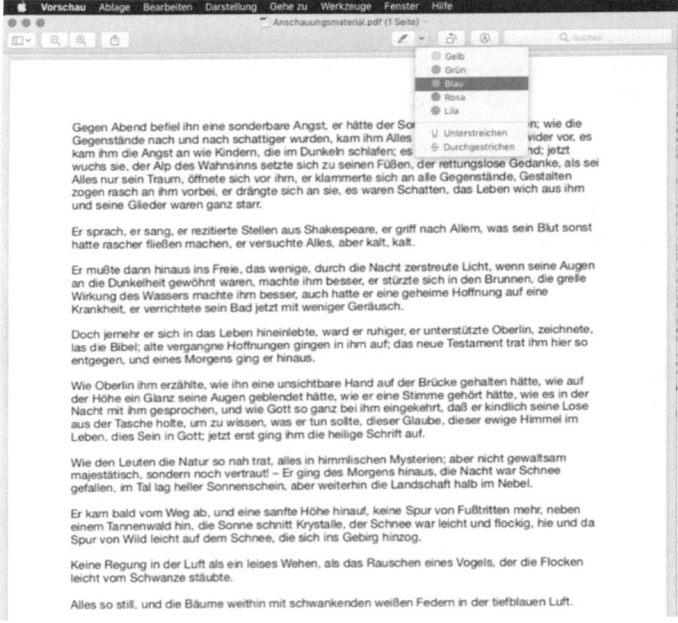

PDF-Ansicht in Vorschau-App, Quelle: Screenshot

Die integrierten Lösungen: Apples Vorschau-App und Microsoft Edge

Die meisten werden die Vorschau-App auf dem Mac gar nicht als eigenständiges Programm wahrnehmen. Dabei ist sie ein ziemlich guter PDF-Reader. Solange man nur PDFs annotieren möchte, reicht diese Gratis-Lösung völlig aus. Man hat eine Textmarker-Funktion in verschiedenen Farben, kann unter- und durchstreichen, Freihandzeichnungen und Textboxen oder Kommentare hinzufügen. Selbst Unterschriften können unter virtuelle Verträge gesetzt und Blätter extrahiert oder umgeordnet werden.

Auch unter iOS gibt es mittlerweile ein Äquivalent. Dafür muss man einfach nur eine PDF-Datei antippen. Schon öffnet sie in der Vorschau-Ansicht. Dort kann man dann wie auf dem

Mac schon relativ viel erledigen. Über das Stiftsymbol am rechten oberen Rand (direkt neben dem Sharesheet) können Annotationswerkzeuge aktiviert werden. Darunter ein Stift, Textmarker, Bleistift, Radierer und Lasso.

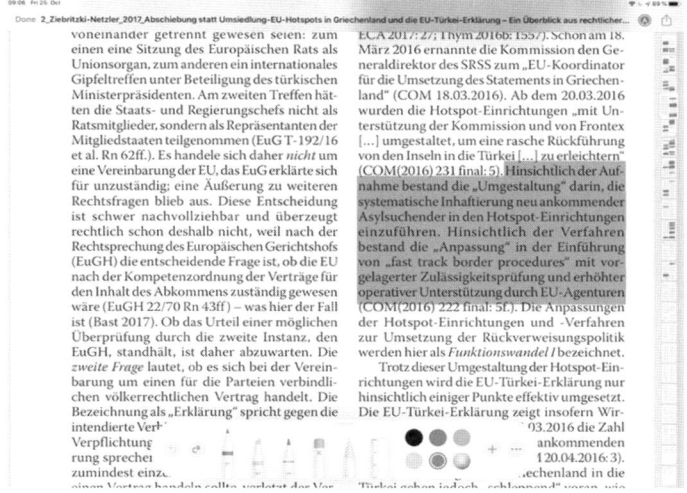

Annotationswerkzeuge für PDFs unter iOS, Quelle: Screenshot

Noch ein paar mehr Funktionen finden sich rechts unten beim eingekreisten Plus-Symbol. Dort kann man dann Textboxen, eine Unterschrift oder einen Lupeneffekt, sowie geometrische Formen hinzufügen. Alles in allem ist man mit Apples Bordmitteln sowohl auf dem Mac, als auch auf dem iPad schon richtig gut aufgestellt. Was natürlich nicht geht, ist das Manipulieren von PDF-Dateien. Hier kommen Apps wie PDF Expert oder PDF Pen Pro ins Spiel.

In Sachen Synchronisation ist es am einfachsten, iCloud und die Dateien-App zu verwenden. Nutzt man ein gemischtes Set-Up (ich denke hier z.B. an einen Windows-Laptop und ein iPad), so würde ich einen Cloud-Anbieter wie Dropbox, Google Drive oder Microsoft OneDrive empfehlen. So kannst du dann z.B. deine Texte am Rechner recherchieren und herunterladen und auf dem iPad lesen und markieren.

Microsoft hat neuerdings seinen Browser Edge als PDF-Standard-Lösung gewählt. Eine seltsame Wahl in meinen Augen. Ich halte nicht so viel davon, alle möglichen Funktionen in ein und dieselbe App zu stecken und wieso ich jetzt meine PDFs im Browser bearbeiten soll, erschließt sich mir nicht so ganz. Ein kurzer Test bestätigt mich dann auch in meiner Skepsis. Die Möglichkeiten erscheinen ziemlich eingeschränkt. Nimm stattdessen einfach die de facto Standard-Lösung von Adobe, den *Acrobat Reader*[19]. Hier ist maximale Kompatibilität gegeben, da das PDF-Format, wie eingangs erwähnt, von Adobe entwickelt wurde. Außerdem ist die App kostenlos, sofern man PDFs einfach nur kommentieren und markieren möchte, was den meisten sicherlich ausreicht.

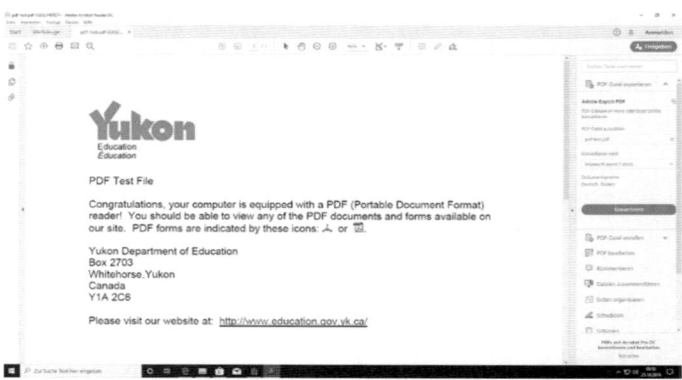

Das bekannte Interface von Adobes Acrobat Reader

Für die, die mehr brauchen: PDF Expert (Mac/iOS) und PDF XChange Editor (Windows)

Nun habe ich so von Apples eigener Vorschau geschwärmt, dass man durchaus fragen könnte, wieso man noch Geld für einen Drittanbieter ausgeben soll. Habe ich nicht schon alles was ich brauche? Die Antwort lautet: Es kommt darauf an.

---

19 https://acrobat.adobe.com/de/de/acrobat/pdf-reader.html

Ich persönlich finde zum Beispiel schon den Stil von Apples Annotationen nicht sonderlich schön. Ich mag nicht, dass der Textmarker ein Freihand-Tool ist, weil ich meine markierten Zeilen lieber schön ordentlich habe. Das klingt vielleicht kleinlich, aber wenn so etwas einen nun mal stört, wird es immer wieder stören. Das zeigt aber auch schon, wer sich überhaupt nur über eine externe PDF-App Gedanken machen sollte: Benutzer*innen, die sehr viele PDFs bearbeiten. Wem nur alle paar Wochen mal eins unterkommt, wird über vieles hinwegsehen können. Wer aber tagtäglich damit zu tun hat, will eine Lösung, die zu einhundert Prozent passt.

Ein zweiter entscheidender Punkt ist, ob man nur einen PDF Reader möchte, oder eigentlich einen PDF Editor. Sobald ich wirklich viel mit PDFs zu tun habe und diese möglicherweise auch manipulieren möchte, werde ich mit Standardlösungen an meine Grenzen stoßen. Spannend wird es bei den Tools zum Bearbeiten von PDFs. PDF Expert kann hier z.B. Text bearbeiten und sogar ganze Absätze löschen. Außerdem können Grafiken eingefügt und bereits bestehender Text mit Links hinterlegt werden.

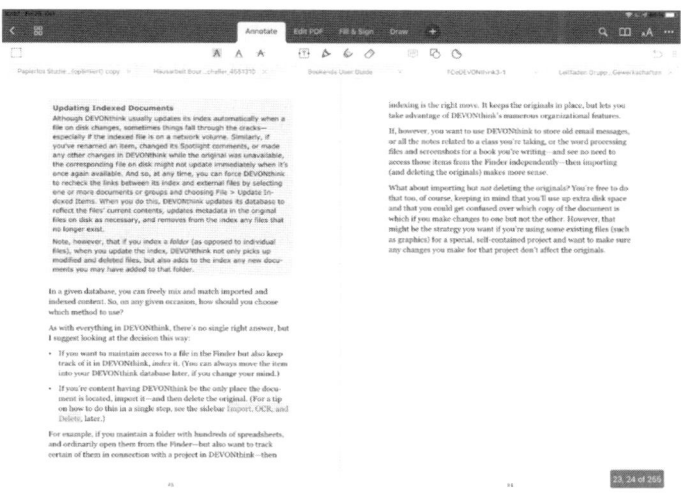

PDF Expert auf dem iPad

Außerdem ist das Schwärzen von Inhalten möglich, falls z.B. vertrauliche Informationen zensiert werden müssen. PDF Pen kann beispielsweise automatisiert Seitenzahlen einfügen. Sicherlich ein Randfall, aber wenn man es braucht, wird man es schätzen.

Tools zum Bearbeiten von Inhalten, Quelle: Screenshot

PDF Expert hat darüber hinaus das Thema Synchronisation sehr schön gelöst. Ich kann hier nämlich problemlos innerhalb der App zwischen Mac und iPad synchronisieren. Das funktioniert extrem gut und schnell, ist aber natürlich auch nur eine Nischenanwendung. Dennoch – wer diese Funktion möchte, wird es sehr schätzen, wenn sie zuverlässig funktioniert.

Aber auch Windows hat fantastische Alternativen zu bieten. Ich kann mich noch gut an meine Windows-Zeit erinnern und ein Programm das damals unverzichtbar für mich war, war der *PDF XChange Viewer*. Mittlerweile ist daraus der *PDF XChange Editor* geworden, den es in einer regulären und einer Plus-Variante gibt. Die beiden Versionen unterscheiden sich dahingehend, dass man in der Plus-Variante einige Funktionen mehr bekommt, u.a. das Anlegen von interaktiven Feldern, wie man es von manchen Formularen her kennt. Eine komplette Übersicht über die zahlreichen Features beider Versionen gibt es auf der Seite des Herstellers. Die Möglichkeiten sind riesig! Natürlich geht einfaches Kommentieren und Markieren von PDFs, aber eben auch viel fortgeschrittenere Aktionen, darunter das Konvertieren von PDFs in andere Dateitypen wie MS Word, Excel, oder Powerpoint, das Einfügen von Tonaufnahmen für gesprochene Hinweise, Einfügen und Entfernen von Seiten, Paginierung, Einfügen von Wasserzeichen oder Seitenzahlen und und und…

Der PDF XChange Editor ist ein ziemliches Profi-Tool und wäre wohl meine persönliche Wahl unter Windows. Toll ist auch, dass es ein zusätzliches OCR-Modul gibt, sodass man den XChange Viewer auch zum OCR-Tool hochrüsten kann.

Allerdings gibt es so viel Funktionalität natürlich nicht kostenlos. Sowohl PDF Expert, als auch der XChange Editor kosten etwas. Der XChange Editor kostet aktuell 37€ und 49€, wenn man das OCR-Modul möchte (Stand Februar 2020). Die Kosten für PDF Expert belaufen sich auf 39,99€ mit Bildungsrabatt für die Mac-Version und auf 10,99€ für iOS, wenn man PDFs bearbeiten möchte. In meinen Augen sind das Investitionen, die sich definitiv lohnen, da ich fast täglich intensiv mit PDFs arbeite.

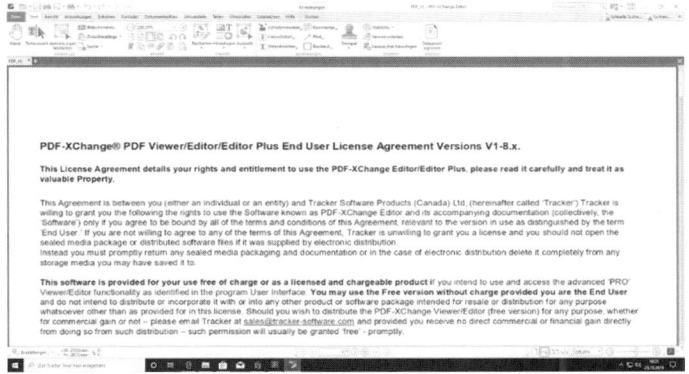

Viele Möglichkeiten im PDF XChange Editor

Klar, es gibt noch ganz viele andere PDF Apps und Editoren da draußen. Goodreader oder PDF Element sind nur zwei. Sie unterscheiden sich aber nur marginal voneinander, sodass man ruhig bei einer der hier vorgestellten Lösungen bleiben kann. Die erste Entscheidung sollte so oder so sein, ob man nur ab und zu PDFs lesen und markieren möchte, oder wirklich permanent damit arbeiten will. Ist zweiteres der Fall, empfehle ich die jeweiligen Testmöglichkeiten zu nutzen, um eine fundierte Entscheidung zu treffen. Das Gute: Man bekommt mit jeder Lösung ein tolles Paket.

Das Wichtigste zum Schluss

- PDF-Dateien haben viele Vorteile, v.a. ihre universale Nutzbarkeit.
- Nutze die Scan-Funktion deines Smartphones, um PDFs zu erstellen.
- Weiterführende Funktionen wie OCR können den Unterschied machen.
- Bevor du Geld für PDF-Editoren ausgibst, nutze die Mittel, die schon an Bord sind oder kostenlose Varianten der jeweiligen Programme. Oft reicht das völlig aus.

Mitschreiben in Seminar und Vorlesung

Je nach Studiengang wirst du mal mehr, mal weniger mitschreiben müssen. Manche Studiengänge bestehen fast ausschließlich aus Vorlesungen, ergänzt durch Tutorien. Naturgemäß ist hier auch der Anteil am größten, den man mitschreiben muss. Es gibt zwar mittlerweile fast überall Scripts, also PDF-Folien zum Download, die schon einen guten Teil der Vorlesung abdecken. Trotzdem wird der oder die Professor*in auch in diesen Fällen ab und zu davon abweichen, Erklärungen geben oder Details ausschmücken.

Je nach Vortragsstil kommt man gut mit dem Annotieren hinterher, oder eben auch nicht. Die Notizfunktionen von PDF-Apps können durchaus hakelig sein, sodass man manchmal einfach nicht schnell genug ist. Und natürlich gibt es auch die Profs, die nur rudimentäre oder sogar gar keine Slides zur Verfügung stellen. Und spätestens im Tutorium wird man ums Mitschreiben nicht mehr herumkommen. Wir brauchen also gute Software-Lösungen, die es uns ermöglichen, entweder komplett mitzuschreiben oder aber schnell Anmerkungen an schon bestehende Slides zu machen.

Die meisten werden hierfür einfach ihre Office Suite der Wahl nehmen. Also z.B. Word, Pages oder Google Docs. Und das ist auch völlig okay. Der Vorteil ist, dass man das Geschriebene einfach kopieren und weiterverarbeiten kann. So kann man es direkt für die nächste Hausarbeit nutzen. Studien zeigen aber leider auch, dass Texte, die wir auf dem Computer schreiben, nicht so gut im Kopf bleiben wie Handgeschriebenes (vgl. Mueller/Oppenheimer 2014). Und das ist ein Problem. Wenn ich an einer Vorlesung teilnehme, möchte ich zumindest grob abspeichern worum es ging. Das fällt mir viel leichter, wenn ich mit der Hand mitschreibe.

Nur wie geht Handschrift und digital zusammen? Soll ich etwa auf Papier schreiben und das dann abscannen, oder – noch schlimmer – abfotografieren? Natürlich nicht. Wie schon im Kapitel zum passenden *Set-Up* anklang, denke ich hier an digitale Mitschriften mit dem Apple Pencil oder vergleichbaren elektronischen Stiften.

Wer so einen Stift also nicht sein oder ihr Eigen nennen kann, kann dieses Kapitel auch überspringen – oder es als Inspiration verstehen! Wer mehr über meine Workflows und Empfehlungen für klassische Schreibprogramme wissen möchte, kann in das entsprechende Kapitel[20] in diesem Buch springen. Dort behandele ich sowohl Klassiker wie Word und LaTeX, aber auch Neulinge wie Ulysses oder Scrivener, um zu zeigen was es da draußen noch so gibt.

In diesem Kapitel möchte ich aber zunächst in der iPad-Welt bleiben und eine wirklich exzellente App für digitale Mitschriften vorstellen: *GoodNotes*[21]. Das ist an dieser Stelle gerechtfertigt, da GoodNotes eine seit vielen Jahren konsequent weiterentwickelte App ist, die ein hervorragendes Nutzungserlebnis liefert. Aber natürlich sollen auch Windows-Nutzer*innen etwas für sich aus dem Kapitel ziehen können. Daher stelle ich in einem zweiten Schritt eine App vor, die sowohl für das iPad, als auch Windows verfügbar ist und außerdem noch ein paar Schritte weiter geht als GoodNotes: *MyScript Nebo*[22]. Am Ende stelle ich dann noch eine weitere sehr gute Möglichkeit für Windows vor und erläutere auch, wieso ich nicht über Android schreibe.

Der treue Begleiter im papierlosen Büro: Goodnotes 5

Wer schon mal mit dem Apple Pencil auf PDF-Dateien geschrieben hat, wird festgestellt haben, dass das Schriftbild nicht sonderlich schön ist. iOS glättet hier nichts und wer – so wie ich – einfach keine schöne Handschrift hat, bekommt auch keine Unterstützung. Das war bei GoodNotes seit jeher anders. Die

---

20 Kapitel: Wissen in Form gießen: Das Schreiben wissenschaftlicher Texte
21 https://www.goodnotes.com/
22 https://www.myscript.com/de/nebo/

Schreibengine, die die Stifteingabe in Schrift umsetzt, korrigiert behutsam und führt so zu einem angenehmeren Schriftbild. Das hat sich in Version 5 nicht geändert. Eventuell ist die Glättung in der neuen Version minimal geringer geworden, einen wirklichen Unterschied vermag ich aber nicht festzustellen.

Ansonsten gibt es hier nichts auszusetzen. Eine Latenz ist dank 120-Hertz-Display nicht spürbar und so merkt man keinen Unterschied zu schreiben auf Papier – mit Ausnahme des geringeren Widerstands natürlich, aber das wird keine App der Welt lösen können, da man eben nicht auf Papier, sondern auf Glas schreibt.

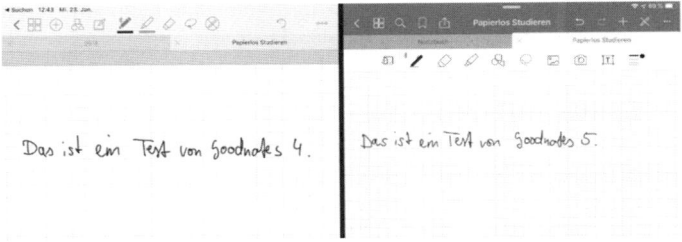

Vergleich des Schriftbildes von GoodNotes 4 und 5

Nun möchte man natürlich nicht immer nur mit dem Kugelschreiber schreiben. Sondern vielleicht auch mal einen Füller nutzen. Oder einen Bleistift. Oder gar einen Textmarker oder Buntstift. Geht das? Und wenn ja, wie gut ist das Ergebnis? Um es kurz zu machen, nicht wirklich gut. Die einzelnen Schreibwerkzeuge unterscheiden sich im Schriftbild kaum, am ehesten sticht noch der Pinsel hervor, da er auf Druck reagiert und die Schriftbreite so beeinflusst werden kann. Einen Bleistift sucht man aber vergebens und das kreide ich GoodNotes an. Wer gern mit einem digitalen Bleistift arbeiten möchte, muss diesen entweder imitieren (durch eine entsprechende Farbwahl), wird damit aber nicht wirklich glücklich. Apple Notes bietet dies ganz selbstverständlich.

Von einem Tiefpunkt möchte ich aber zu einem altbekannten Highlight der App kommen: der Geometriefunktion. Hiermit werden Freihandstriche begradigt bzw. an geometrische Figuren angepasst. So kann man perfekte Kreise, Vier- und Dreiecke, oder auch nur gerade Linien ziehen. Wofür man beim analogen

Zeichnen Lineal und Zirkel bräuchte, muss man in GoodNotes nur einen Button klicken. Ich finde diese Funktion fantastisch und nutze sie permanent. Oft ziehe ich so Tabellen oder unterstreiche Überschriften.

Ein zweites altbekanntes Feature ist das Zoomfenster. Man kann damit einen Teil des Dokuments vergrößert darstellen, um leichter schreiben zu können. Spätestens seitdem ich ein iPad Pro mit 12,9 Zoll Displaygröße verwende, spielt das Zoomfenster keine Rolle mehr für mich. Wer aber auf kleineren iPads schreibt, hat hierfür mit Sicherheit Verwendung. Es erleichtert das Schreiben schon ganz enorm und ermöglicht es, deutlich mehr Inhalt auf einer Seite unterzubringen. Man kann aber auch einfach per Hand zoomen.

Ordner, Notizbücher, Tabs – und die Suche

Schreiben und Zeichnen ist das eine, Organisation das andere. Was nützen mir die schönsten Mitschriften, wenn ich sie nicht schnell wiederfinden kann? Hier macht GoodNotes viel richtig. Generell sind die einzelnen Seiten in Notizbüchern organisiert, also ganz so wie man es auch analog handhaben würde. Das halte ich für eine sehr gelungene UI-Entscheidung, da es ein bekanntes und gut funktionierendes Prinzip ins Digitale überführt.

Darüber hinaus können Notizbücher in Ordnern zusammengefasst werden. Hier ist die Anleihe zum Analogen zwar etwas brüchig, aber das Prinzip versteht dennoch jede*r intuitiv. In GoodNotes 4 waren Ordner noch Kategorien und außer der Terminologie hat sich auch nichts geändert. Dennoch empfinde ich die neue Variante als sinnvoller. Mir erschließt sich ein Denken in Ordnern hier eher als in Kategorien. Insbesondere ist das der Fall, da hier stärker visualisiert wird als zuvor. Die Kategorien in GoodNotes 4 waren in einem Listenmenü dargestellt, nun hat man Ordnersymbole. Eigentlich nur eine winzige Veränderung, die die Navigation aber sofort und spürbar verbessert.

Ordneransicht in GoodNotes, Quelle: Screenshot

Ebenfalls schon in Version 4 vorhanden, nun aber deutlich prominenter platziert ist die Suche. Die war vorher in Menüs versteckt. Jetzt hat man ihr ein eigenes Symbol spendiert, was den Zugriff deutlich erleichtert. Ehrlich gesagt, war mir nicht einmal bewusst, dass es diese Suche in GoodNotes 4 gibt, bis ich im Zuge der Recherche für dieses Buch danach gesucht habe.

Die kleine Lupe führt ohne Umwege zur Suche, Quelle: Screenshot

Überhaupt scheint man einen Fokus auf das App-Design gelegt zu haben. Technisch hat sich nämlich gar nicht so viel geändert – was gut ist, war GoodNotes doch schon vorher eine hervorragende App. Jetzt scheint man sich aber hingesetzt zu haben, um ein frischeres und vor allem intuitiveres Design zu entwickeln. Das ist gelungen. Ein besonders gutes Beispiel ist die nun erfolgte Trennung von Menüleiste und Schreibwerkzeugen. In Version 4 tummelte sich neben den Stiften, Radiergummis etc. beispielsweise auch noch der Übersichtsbutton in der gleichen

Leiste. Mit dem Update gibt es eine Leiste für Übersicht, Suche, das Setzen eines Lesezeichens etc. und eine extra Leiste mit allen Schreibwerkzeugen.

All die kleinen Details

GoodNotes wäre nicht GoodNotes, wenn es nicht auch noch ein paar kleine Extrafeatures hätte, die sehr praktisch daherkommen. Man kann nämlich auch Bilder oder Maschinenschrift einfügen und so Materialcollagen anlegen. Wer hier genügend Zeit und Kreativität investiert, kann wahre Kunstwerke zusammenbasteln. Für Inspiration empfehle ich den Instagram-Account von GoodNotes.

Genauso gut lassen sich auch PDFs importieren, die in der Folge natürlich annotiert werden können. GoodNotes kann also auch als einfache PDF-Anwendung genutzt werden. Das ist gerade für Menschen sinnvoll, die viel verschiedenes Material an einem Ort bündeln wollen: Studierende, die auf eine Prüfung lernen oder an ihrer Abschlussarbeit schreiben, aber sicher auch alle anderen, die an großen Projekten arbeiten.

Besonders toll finde ich, dass man nach wie vor die Blattvorlage ändern kann. Kariert, liniert, oder komplett blanko? Kein Problem. Auch ausgefallenere Designs sind integriert, wie z.B. Notenpapier oder Cornell-Notizen. Und sollte mal etwas nicht verfügbar sein, kann man immer noch selbst das gewünschte Papier einscannen und als Vorlage importieren.

Ein drittes Feature, das ich noch gern erwähnen möchte, ist die Umwandlung von Hand- in Maschinenschrift. Dazu wählt man das Lasso-Tool aus und umkreist dann alles, was man umwandeln möchte. Mit einem Tap auf die Auswahl erscheint ein Kontextmenü, dass das Umwandeln ermöglicht. Die dann umgewandelte Handschrift kann in der Folge über das Teilen-Menü weiterverwendet werden. Die Qualität ist meiner Erfahrung nach sehr unterschiedlich. Überhaupt nicht umgehen kann die Engine mit schief geschriebenem Text. Auch Listen werden oft nicht gut umgesetzt, da Bulletpoints meist nicht korrekt erfasst, sondern als Buchstaben interpretiert werden. Wenn man aber nur auf einer Linie schreibt und auch noch eine akzeptable Handschrift hat, kann die Umwandlung auch überraschend gute Resultate erzeugen.

GoodNotes 5 kostet momentan 8,99€ – sicherlich ein sehr fairer Preis.

Einen Schritt weiter mit MyScript Nebo

Noch einen Schritt weiter geht die Nebo-App von MyScript[23]. Sie hat sich auf die Fahnen geschrieben, eine echte Pro-Anwendung zu sein und funktioniert deshalb auch gleich mal nur mit Apple Pencil oder Surface Pen. Richtig gelesen: Die App ist für iOS UND Windows verfügbar.

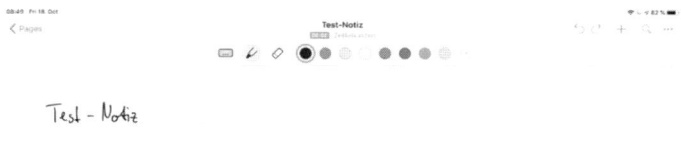

Die Schreibansicht von MyScript Nero auf dem iPad

Die Idee ist hier, Handgeschriebenes in Computerschrift umzuwandeln. Und zwar sofort. Das was Good-Notes als kleines Nebenfeature hat, erhebt Nebo in den Rang eines Alleinstellungsmerkmals. Damit ist aber auch klar: Wenn dieses Feature nicht perfekt funktioniert, ist die App nutzlos. Wenn es aber klappt wie beworben, kann es sich hier um ein echtes Killer-Feature handeln. Das Besondere ist, dass direkt in dem Moment, in dem man schreibt, schon oberhalb ein kleines Vorschaufenster erscheint, in dem man direkt sehen kann, ob das Geschriebene richtig erkannt wurde. Ist man fertig, kann man alles auf einmal umwandeln. Ich habe das einfach mal mit einem Screenflow veranschaulicht, damit du dir ein eigenes Bild machen kannst.

---

23 Ich lege hier die iPad-Version zugrunde.

Spannend sind auch die weiteren Funktionen wie das Zeichnen von Diagrammen oder Gleichungen. Flussdiagramme können beispielsweise handschriftlich angelegt und dann konvertiert werden. Das ist sicherlich einfacher, als mit der Maus Formen hin- und herzuschieben. Auch eine Formel lässt sich natürlich viel einfacher von Hand aufschreiben, als mit der Tastatur eingeben. Es stellt sich aber natürlich die Frage, bis zu welchem Komplexitätsgrad die App mathematische Zeichen erkennt. Summenzeichen sind aber schon mal kein Problem. Auch hierzu ein kurzer Screenflow:

Video: Handschrifterkennung in MyScript Nebo, https://vimeo.com/303887344, Quelle: Screencasts

Video: Diagramme in Nebo, https://vimeo.com/303887360

Video: Formelumwandlung in Nebo, https://vimeo.com/303887373, Quelle: Screencast

Mit der schönen optischen Aufmachung, wie GoodNotes sie hat, kann MyScript Nebo leider nicht mithalten. Die einzelnen Schreibflächen sind hier einfach als Ordner sortiert und auch unterschiedliche Papiervorlagen sucht man vergebens. Es kommt also nicht das Gefühl auf, quasi ein echtes Notizbuch vor sich zu haben. Ebenso ist es nicht möglich, Protokollvorlagen, Notenpapier oder andere angepasste Templates zu nutzen. Wer aber Handschrift in Computerschrift umwandeln möchte, sollte unbedingt mal bei Nebo reinschauen. Es ist eine technisch beeindruckende App. Aber nicht vergessen: ohne Apple Pencil geht hier gar nichts!

MyScript Nebo kostet 9,99€ für Windows und 10,99€ für iOS.

Android und Windows

Und wie sieht die Lage unter Android und Windows aus? Zum ersten möchte ich gar nicht viel sagen. Android-Tablets sind anno 2020 mehr oder weniger tot. Natürlich gibt es sie, aber Android hat sich einfach nicht zu einem Betriebssystem für Tablets entwickelt, sondern für Smartphones. Das führt dazu, dass es einfach nicht genügend Apps gibt, die für echtes Arbeiten auf Android-Tablets entworfen oder optimiert wurden. Innovationen im Tablet-Segment kommen von Microsoft oder Apple und die meisten anderen Hersteller haben auch gar keine Tablets mehr im Angebot. Wer also kein iPad möchte, sollte sich nach einem Surface Rechner umschauen. Die sind nämlich auch toll, da sie Touch Screens (und damit digitales handschriftliches Schreiben) und „echtes" Windows auf einem Gerät verbinden.

Wer allerdings glaubt, bei Microsoft sparen zu können, wird überrascht sein. Beim *Surface Pro* kann man – je nach Konfiguration – sogar deutlich mehr Geld bei Microsoft lassen (Microsoft.com > Surface). Aber das nur als Randaspekt. Wichtig ist schließlich die Lösung für das Problem, sprich mitschreiben per Hand. Und das geht dank Microsofts Toplösung OneNote ganz hervorragend.

OneNote ist sowieso eine fantastische App, die zwar nicht wahnsinnig intuitiv, dafür aber extrem nützlich ist. Einmal eingearbeitet, kann OneNote wirklich die eine Lösung für alles werden und beispielsweise GoodNotes problemlos ersetzen. Ich selbst nutze es nicht, weil ich mit meinem Software-Set-up sehr zufrieden bin, kann es aber jedem nur ans Herz legen, zumindest mal reinzuschauen. Auch die iOS-Umsetzung ist sehr gut gelungen. Hier muss ich Microsoft ein generelles Kompliment aussprechen: ihre Umsetzungen für Apple-Geräte sind durch die Bank sehr gut gelungen und gehören zum besten und umfangreichsten, was der Appstore so hergibt.

Aber zurück zu OneNote. Die App eignet sich deshalb so gut, weil auch hier Freihandschreiben mit dem *Surface Pen* (den man übrigens auch für eine erhebliche Summe dazu kaufen muss) möglich ist. Genau wie bei GoodNotes kann man Handgeschriebenes in Computerschrift umwandeln lassen und auch eine Geometriefunktion, also das Begradigen von Linien und geometrischen Formen, ist mit an Bord. Hinzu kommt, dass OneNote, ganz wie MyScript Nebo, einfache mathematische Formeln aus Handschrift erkennen und umwandeln kann. So hat man ein Gesamtpaket für alles.

Natürlich kann man das Geschriebene auch mit PDFs, Bildern und allerlei anderer Dateitypen ergänzen und anreichern, sodass im besten Fall ein echtes Rundumbild eines Projektes oder einer Vorlesung entsteht. Hinzu kommt, dass OneNote nach dem Infinite Canvas-Prinzip funktioniert. Man hat als eine nicht endende Arbeitsfläche (zumindest nach unten, horizontal ist das nicht der Fall) und hat so viel Platz, wie man benötigt. Der Nachteil ist aber natürlich, dass man sich auch verlieren kann und es irgendwann schwer wird, Dinge wieder zu finden.

Insgesamt dürfte aber eine Lösung aus Surface-Tablet, Surface Pen und OneNote eine sehr, sehr gute Möglichkeit darstellen, für alle die sich nicht im Apple-Kosmos bewegen wollen. Mit Blick auf die Einheitlichkeit hat Microsoft hier sogar die Nase vorn. Etwas Vergleichbares wie OneNote sucht man bei Apple nämlich vergebens. Natürlich gibt es die Notes-App, die auch ihre Berechtigung hat und in der man mit dem Stift schreiben und zeichnen kann. In Sachen Umfang hat sie aber gegen OneNote keine Chance. Somit empfehle ich für iPads, GoodNotes zu verwenden und unter Windows OneNote. Mal bei OneNote vorbei zu schauen, schadet aber sicher auch Apple-Nutzer*innen nicht.

Das Wichtigste zum Schluss

- Handschriftlich mitschreiben ist gerade in den Naturwissenschaften sinnvoller, da Diagramme, Formeln oder Modelle schnell gezeichnet werden können.
- Hierfür bietet sich ein Tablet mit digitalem Stift (Stylus) an.
- Auf dem iPad ist GoodNotes die beste Rundum-Lösung, MyScript Nebo eine interessante Alternative.
- Für Windows-Tablets empfehle ich uneingeschränkt MyScript Nebo oder OneNote von Microsoft.

Von der Idee zum Wissen: Recherchieren

Während des Semesters bekommt man zu lesende Texte oder Slides im Normalfall vorgesetzt. Downloaden, lesen, markieren... und vielleicht vor der Prüfung wieder hervorholen. Wehe aber, wenn die nächste Hausarbeit auf dem Programm steht. Geschweige denn eine Abschlussarbeit. Plötzlich muss man selbst nach relevanten Quellen recherchieren. Davon kann man sich schnell erschlagen fühlen, vor allem wenn man es nicht ordentlich beigebracht bekommt. Die Schule ist dabei leider selten hilfreich, weil es dort meist nur darum geht, ohne Ende auswendig zu lernen. Dabei ist auch Recherche – wie fast alles – reine Übungssache.

Gleichzeitig hat sich das Auffinden von Informationen in den letzten Jahren und Jahrzehnten massiv verändert. Zu meiner Grundschulzeit (und das ist „erst" ungefähr fünfzehn Jahre her), habe ich tatsächlich noch Passagen aus gedruckten Lexika abgeschrieben. Microsofts *Encarta-CD*[24] war da schon das Maximum der Gefühle. Wer Fachliteratur zu einem Thema lesen wollte, musste dafür in die städtische Bibliothek gehen und hoffen, dass dort das gesuchte Buch vorrätig war.

Um den Austausch von Wissen zu erleichtern, entwickelte Tim Berners-Lee Anfang der 1990er Jahre das World Wide Web, wie wir es heute kennen – eine auf Hyperlinks basierende Netzwerkstruktur, die fälschlicherweise immer wieder mit dem Internet als solchen gleichgesetzt wird. Aber zugegeben: Das WWW ist sicher der bedeutendste Teil des Internets. In jedem Fall hat sich Berners-Lees Vision erfüllt (vgl. Christ 2019). Es ist mittlerweile ein Kinderspiel, an wissenschaftliche Publikationen von Forscher*innen aus der ganzen Welt zu kommen. Zumindest, wenn man weiß wie. Dieses Kapitel wird dir zukünftig helfen, im Meer der Informationen zu navigieren.

---

24 https://de.m.wikipedia.org/wiki/Microsoft_Encarta

Mach dir klar, was du suchst

Es mag einfach klingen, ist aber immer wieder ein Problem. Man hat eine vage Vorstellung, worüber man schreiben möchte (oder muss) und googlet unmotiviert vor sich hin. Im Endeffekt verschwendet man damit aber nicht nur Zeit, sondern kommt auch nicht näher ans Ziel, ist demotiviert und direkt von der Aufgabe abgeschreckt.

Man sollte sich also sehr genau klar machen, was man sucht. Das hilft auch beim Schreiben von Arbeiten. Niemand kann eine gute Hausarbeit über die gesamte Industrielle Revolution schreiben. Dieses Thema füllt Bibliotheken. Anders sieht das mit der Frage aus, wie Fabrikbesitzer*innen in Manchester Ende der 1790er Jahren auf Unruhen ihrer Belegschaft reagiert haben und was daraus für die Sozialpolitik des Landes folgte.

Es sollte also immer darauf geachtet werden, eine Fragestellung hinsichtlich Ort (Wo?), Zeit (Wann, Wie lange, Von wann bis wann?) und spezifischem Zusammenhang einzuschränken. Mir ist klar, dass das leichter gesagt als getan ist. Aber Übung macht die Meisterin und umso mehr Arbeiten man verfasst, umso eher bekommt man ein Gefühl dafür, was geht und was nicht. Ein guter Einstieg ist auf jeden Fall eine Mind Map bzw. ein Outline – je nach persönlicher Vorliebe. Auf dieses extrem wichtige Thema gehe ich im nächsten Kapitel ein. Falls es dich also gerade sehr interessiert, kannst du einfach dorthin springen und später wiederkommen.

Wo anfangen, wenn man keine Ahnung hat?

Wenn ich keine Ahnung von einem Thema habe, lese ich gern den entsprechenden Wikipedia-Eintrag als Einstieg. Natürlich sollte Wikipedia nicht als Quelle für die spätere Arbeit dienen (auch wenn die Qualität oft nicht so schlecht ist, wie meine Lehrer*innen früher gesagt haben). Wikipedia-Artikel sind aber ideal, um besser zu verstehen, worum es überhaupt geht und ggf. wichtige Begriffe zu finden, nach denen man suchen kann. Außerdem können die weiterführenden Links am Ende des Artikels oftmals nützlich sein. Die gibt es zwar nicht immer, aber wenn sie da sind, bieten sie oft gute Einführungsliteratur.

Eine weitere gute Möglichkeit zum Einstieg sind Überblickswerke, oft auch als Handbuch bezeichnet. Wer also einen Überblick über Interviewmethoden braucht, ist mit einem Handbuch der Qualitativen Sozialforschung (vgl. Flick 1995) sicherlich auf einem guten Weg. Die bekannteste Reihe ist hier die Oxford Handbooks of ... Gefühlt gibt es kein (akademisches) Thema zu dem nicht auch ein Oxford Handbook existiert. Die Legende sagt, dass es auch ein Oxford Handbook of Oxford Handbooks gibt. Meine Recherche sagt mir aber, dass das wohl leider nur eine Urban Legend ist. Für den deutschen Markt haben vor allem Springer und der utb-Verlag eine führende Rolle.

Handbücher sind so toll, weil sie auf komprimiertem Raum einen Überblick über ein gesamtes Thema oder sogar eine ganze Disziplin geben. Für den Einstieg in ein neues Thema sind sie also ideal. Allerdings sollte man nicht vergessen, dass auch ein Handbuch nur bestimmte Ansichten wiedergibt. Nicht alles muss zwingend als unumstößliche Wahrheit angenommen werden und ein Blick über den Tellerrand ist immer sinnvoll. Aber klar: Wer nicht weiß, wie der Teller aussieht, kann auch den Rand nicht finden. Von daher spielen sie eine wichtige Rolle.

Nutze die Möglichkeiten deiner Universität

Wenn diese ersten Schritte geschafft sind, sollte man überlegen, wo der beste Ort zum Suchen ist. Im Normalfall dürfte das Google sein. Muss es aber nicht. Universitäten haben oft Zugriff auf große Datenbanken von Journals oder Hochschularbeiten (darunter Bachelor- und Masterarbeiten, sowie Dissertationen).

Das Problem ist, dass der Zugriff nur möglich ist, wenn man sich im Netz der Universität oder Hochschule befindet. Was tun, wenn man lieber von zuhause, aus dem Café oder (sofern Internetzugang besteht) aus dem Park arbeiten möchte? Hier kommen *Virtual Private Networks (VPN)* ins Spiel. Hochschulen haben im Normalfall Softwarelösungen mit denen man sich auch von außerhalb ins Hochschulnetz einloggen kann, um auf die entsprechenden Ressourcen zuzugreifen. Schaut einfach mal auf den IT-Hilfsseiten vorbei. Neben Lösungen für Mac und Windows, gibt es mittlerweile auch oft Apps für Android und iOS.

Auf diese Weise bist du flexibel und kannst auch von unterwegs arbeiten. Gerade die eben angesprochenen Handbücher liegen fast immer auch elektronisch vor. Wissenschaftliche Aufsätze (Paper) sind sowieso nur digital zu beziehen. Und auch gewöhnliche Bücher kommen immer öfter auch in digitaler Form. Meine Hoffnung ist es, dass es in ein paar Jahren konsequent Digital first! heißt, sprich dass es immer ein eBook gibt und in besonderen Fällen auch eine Print-Ausgabe.

Natürlich ist es auch mal schön, in einem gedruckten Buch zu blättern. Trotzdem überwiegen in meinen Augen die Vorteile bei eBooks eindeutig: Sie können unendlich oft ausgeliehen werden, niemand muss sie mit sich rumschleppen, niemand muss extra in die Uni, um sie auszuleihen, sie sind komplett durchsuchbar (ein unschätzbar großer Vorteil!), Passagen, die man zitieren will (zitieren, nicht plagiieren!), können einfach kopiert werden und: eBooks können ganz anders mit Medieninhalten umgehen, als klassische Bücher. Wie du in diesem Buch siehst, können problemlos Videos, Screencasts oder Links eingebunden werden. So kann man direkt aus dem Buch zu weiterführender Literatur springen. Was für ein unschätzbarer Vorteil!

Die Kataloge der Universitäten

PRIMO, PRIMUS und wie sie nicht alle heißen. Bibliotheksportale sind eine Sache für sich. Unübersichtliche Navigation und versteckte Suchfunktionen machen das Leben schwerer, als es sein müsste. Es lohnt sich aber, diese Möglichkeit nicht zu ignorieren. Vor allem hochschulinterne Schriften lassen sich nur hier finden.

Außerdem kommst du hier an die eben erwähnten eBooks von Übersichtswerken, Handbüchern und generell allen Büchern, die der Bibliothek auch in elektronischer Form vorliegen. Diese sind dann über die Bibliotheksportale einfach zu finden. So kann man sich den Gang in die Bibliothek und das anschließende Rumschleppen dicker Wälzer sparen. Es ist sicher auch eine Überlegung wert, an einer Einführungsschulung teilzunehmen. Uni-Bibliotheken bieten diese meist zu Semesterbeginn an.

Diese Zeitinvestition dürfte in der Regel gut angelegt sein, wenn man dafür effektiver arbeiten kann.

Ergänzend seien auch noch *Subito*[25] und die Möglichkeit zur Fernleihe genannt. Subito ist eine Dokumentenlieferdienst. Man kann dort Kopien von wissenschaftlichen Aufsätzen oder aus Büchern bestellen und bekommt diese geliefert. Das kostet für Studierende momentan 5,50€ für eine Kopie per Mail und 7€, wenn man eine ausgedruckte Version per Post haben möchte. Sicherlich keine Preise, bei denen man ständig zuschlägt, aber auf jeden Fall eine Option, sollte man ein bestimmtes Paper unbedingt benötigen und anderweitig nicht beziehen können.

Eine zweite wichtige Ergänzung sind Fernleihen. Die Bibliotheken der Universitäten leihen sich untereinander Bücher aus, sodass du auch Bücher bekommst, die deine Heimatuniversität nicht im Vorrat hat. Schau einfach im Onlinekatalog der Bibliothek nach, meist gibt es direkt eine Möglichkeit zur Fernsuche, sollte ein Buch im Bestand nicht gefunden werden.

Nutze die Möglichkeiten von Google (Google Scholar)

Jede*r kennt Google. Aber nicht jede*r kennt auch alle Kniffe, die Google zum ultimativen Suchwerkzeug machen. Da wäre natürlich *Google Scholar*[26], also die Datenbank für wissenschaftliche Aufsätze und Paper. Google Scholar ist ein unverzichtbarer Bestandteil für jede Recherche von mir. Man kann dort auch nach Jahren und Zeiträumen filtern, was sehr nützlich sein kann, wenn man entweder historische Dokumente möchte, oder – im umgekehrten Fall – nur die aktuellste Forschung zu einem Thema einbeziehen möchte.

Noch interessanter sind aber Suchoperatoren. Das sind kleine Anweisungen mit denen man eine Suche auf Google spezifischer machen kann. Hier ist eine Übersicht der wichtigsten Such-Operatoren:

---

25 http://subito-doc.de/
26 https://scholar.google.de/

Suchoperatoren und wozu sie nützlich sind

Zweck	Befehl mit Beispiel
Sonderzeichen	
Suche nach hashtags	#aufschrei
Suchen in sozialen Netzwerken	@twitter
Preissuchen	laptop €600 oder laptop €600..€850
Exakte Suchen und Ausschließen von Begriffen	
Exakte Suche	„afrikanischer Nasenbär"
Mit einem Platzhalter suchen (bei Unsicher-heit bezüglich Schreibweise etc.)	„schwerster * in Europa"
Wörter ausschließen	beste band der welt -ärzte
Suchbegriffe kombinieren	berliner or pfannkuchen
Erweiterte Suchoperatoren	
Alle Begriffe sind in der gefundenen URL	allinurl: wald schutz
Alle Begriffe sind im Webseitentext	(all)intext: aquarium goldfisch
Alle Begriffe sind im Webseitentitel	(all)intitle: umwelt schutz
Einschränken der Suche auf bestimmte Dateitypen, z.B. PDF-Dateien	filetype:pdf Klimaabkommen Paris
Ähnliche bzw. vergleichbare Seiten finden	related:wikipedia.de

Was den Vergleich Laptop vs. Tablet angeht, ist hier de facto Gleichstand erreicht. Normale Suchen sind sowieso Browserbasiert, das darunter liegende Betriebssystem ist egal. Auch Kataloge von Universitäten wurden in den letzten Jahren überarbeitet und angepasst, sodass sie problemlos auch auf dem Tablet genutzt werden können.

Das Wichtigste zum Schluss

- Werde dir klar, wonach du suchst!
- Handbücher und Wikipedia sind ein guter Startpunkt.
- Nutze die Ressourcen deiner Universität oder Hochschule.
- Unterwegs arbeiten wird möglich, wenn du VPNs benutzt.

Von der Idee zur Struktur:
Outline vs. Mindmaps

Egal ob Referat, Hausarbeit oder Bachelorthesis: Bevor man einen umfangreichen Text schreibt, sollte man sich über den Inhalt Gedanken machen. Einfach drauf los schreiben, ist meist nicht zu empfehlen. Erstens hat man hinterher oft ein Strukturproblem, was unnötig Zeit und Aufwand kostet und zweitens fällt auch das Schreiben schwerer, wenn man einfach nur ein leeres Blatt vor sich hat.

Du solltest also immer erst ein Schreibkonzept ausarbeiten, das dein grober Fahrplan ist. Was gehört da rein? Nun, zunächst einmal musst du dir klar werden, was deine Fragestellung ist. Von dort aus kannst du dann einzelne Teilbereiche abzweigen: Beispielsweise einen Überblick über bereits bestehende Literatur. Je nach Umfang der Arbeit, fällt dieser Teil größer oder kleiner aus. Ein anderer Punkt ist das Beschreiben des zu untersuchenden Phänomens. Ein dritter Teil ist die Theorie, mit der du dich dem Phänomen näherst und ein vierter natürlich die Untersuchung selbst.

Für all diese Abschnitte kannst du dir Gedanken machen, was dazu gehört und was nicht. So strukturierst du dein Denken und Vorgehen. Ich persönlich finde es zum Beispiel viel leichter, Fragen zu beantworten, als einfach so drauf los zu schreiben. Du kannst die Abschnitte eines Textes also auch entlang von Fragen strukturieren. So kannst du fragen: Worum geht es hier? Was macht das untersuchte Phänomen oder den untersuchten Sachverhalt aus? Wie verhält sich dieser konkrete Fall zu anderen vergleichbaren Fällen? Was ist in der Forschung dazu schon bekannt? Was interessiert mich daran? Wieso untersuche ich genau das und nicht etwas anderes? Für Geistes- und Sozialwissenschaften stellt sich häufig auch die Frage: Mit welcher theoretischen Brille schaue ich auf den Fall?

Die Frage ist allerdings, wie diese Art von Vorbereitung für das Schreiben am besten (digital) umzusetzen ist? Im Kern gibt es zwei Möglichkeiten: Ein Outline oder eine Mindmap. Die meisten bevorzugen entweder das eine oder das andere, manche nutzen auch beides, je nach Lust und Laune. Ich stelle dir beide Möglichkeiten vor und gebe ein paar Hinweise zu geeigneten Apps und der Umsetzung.

Vom Stichpunkt zur Struktur: Outlines

Beginnen möchte ich mit dem klassischen Outline. Hierbei arbeitest du einfach von oben nach unten in Stichpunkte aus, wie die Struktur eines Textes aussehen soll. Meist hat man einige übergeordnete Stichpunkte, die die Eckpunkte darstellen und füllt diese dann mit einer Reihe untergeordneter Punkte auf. Dieses Vorgehen ist vor allem dann geeignet, wenn du schon eine gute Vorstellung von deinem Thema hast und es vor allem um Struktur geht. Wer noch gar keine Vorstellung hat, sollte von einem Outline zunächst besser absehen.

Manchmal hat man aber schon so viel zu einem Thema gelesen und in Erfahrung gebracht, dass man seine Gedanken ordnen muss, um wieder klar denken zu können. Hierfür eignet sich ein Outline ideal, da es Inhalte hierarchisch ordnet. Der Vorteil eines digitalen Outlines gegenüber der Papierfassung ist offensichtlich: Nur digital kannst du nachträglich Punkte tauschen oder verschieben und neues Wissen hinzufügen. Auch wenn du mit anderen daran arbeiten möchtest, bietet sich eine digitale Arbeitsweise an.

Möglicherweise wirst du dich nun fragen, mit welcher Software du das umsetzen sollst? Oder hast du dir diese Frage eventuell schon implizit beantwortet, ohne wirklich darüber nachzudenken? Mit Word natürlich! Schließlich kann man in Word ganz wunderbar Stichpunkte machen und hat auch verschiedene Ebenen zur Verfügung. Was denn sonst?

An dieser Sichtweise ist sicherlich etwas dran. Unnötig komplizierte Lösungen sind nicht zielführend und man benötigt auch nicht für jede kleine Aufgabe eine extra App. Schließlich kommt es nicht in erster Linie auf das Material, sondern auf die Leistung an. Man kann auch auf gebrauchten Skiern Skifahren lernen und für den Beginn tut es auch eine Gitarre für 40 Euro. Sich zu ausgiebig mit Material, oder in unserem Fall Apps und Programmen, zu beschäftigen kann auch eine willkommene Ausrede sein, nicht wirklich zu arbeiten. Von daher möchte ich dir mitgeben, dass es unter Umständen völlig ausreicht, wenn du einfach das Schreibprogramm für Outlines nutzt, welches du auch sonst verwendest. Das kann sogar den Vorteil haben, dass du später direkt aus diesem Outline deine Arbeit entwickeln kannst. Solltest du etwas mehr Fokus bzw. eine ablenkungsfreiere Arbeitsumgebung wünschen, kannst du auch einen beliebigen Texteditor oder Notizenapp nutzen. All diese Lösungen sind hervorragend geeignet, um Outlines anzufertigen.

Falls du dir aber dennoch eine eigene App fürs Outlinen wünschst, möchte ich dir natürlich trotzdem gern zwei Möglichkeiten vorstellen, die sich in meinen Augen bewährt haben. Schließlich kann es durchaus Vorteile haben, den Prozess auszulagern.

Ein Vorteil ist die geistige Trennung. Dadurch, dass du eine extra App nutzt, bist du möglicherweise auch in einem anderen Mindset und kannst konzentrierter über die aktuelle Aufgabe nachdenken, ohne dabei mental schon drei Schritte weiter zu sein. Zweitens – und das geht mit dem ersten Punkt einher – hast du in einer Outline-App weniger Ablenkung, da sie sehr reduziert konzipiert sind. Dafür bringen sie aber drittens einige Features mit, die sie wiederum nur wegen ihrer Spezialisierung haben und die in einem Schreibprogramm zu viel des Guten wären. Ich denke hier an Exportfunktionen, die das einfache Umwandeln in To-Do-Listen ermöglichen oder Tastatur-Shortcuts, mit denen man geradezu durch ein Outline fliegt.

Onenote unter Windows, Cloud Outliner und OmniOutliner für den Mac

Ich denke, dass OneNote eine tolle Lösung für Windows-Nutzer*innen ist, wenngleich es den eben genannten Vorteilen reiner Outline-Apps direkt widerspricht. Es ist eben keine reine Outline-App, sondern eher einer große Materialsammlung. Es ist aber ein wirklich tolles Programm, dass gratis ist und mobil, wie auf dem Desktop läuft. Zum Thema OneNote kannst du auch in den Kapiteln zum *digitalen Mitschreiben* etwas lesen, weswegen ich an dieser Stelle nicht weiter darauf eingehe.

Willst du trotzdem ein eigenständiges Programm unter Windows nutzen, kannst du einen Blick auf EZ Outliner (kostenlos, aber mit Werbung), *ActionOutline*[27] (39,95$) oder *WhizFolders*[28] (29,95$[29]) werfen. Allerdings überzeugen mich alle drei Programme nicht so richtig. EZ Outliner hat immerhin ein leichtes Layout, was ich für essentiell halte, wenn man sich nur auf seine Ideen konzentrieren möchte. Dafür wirkt die Bedienung nicht ausgereift und Exportfunktionen außer PDF habe ich auch vergebens gesucht. ActionOutline und WhizFolders bringen mehr Features mit, sind aber auch wieder deutlich überladener. Deswegen schlage ich vor, einfach bei OneNote zu bleiben. Hier hat man ein schönes, aufgeräumtes Design und tolle Funktionalität an einem Ort. Da es eine Microsoft-App ist, ist es außerdem tief ins System integriert, sodass Dinge wie Synchronisierung über Geräte hinweg kein Problem darstellen und zusätzliche Kosten fallen ebenso wenig an. Perfekt.

Auf dem Mac sieht die Lage vielfältiger aus. Ich fange mit der kleineren und günstigeren Lösung an: *Cloud Outliner*[30]. Diese App ist eine typische Appstore-App: schon lange am Markt, bewährt und von nur einem einzigen Entwickler entwickelt. Ihr könnt also nicht ständig tolle neue Features erwarten. Aber ihr bekommt eine solide App, mit der man ganz hervorragend Outlines anfertigen kann. Cloud Outliner ist auf dem Mac und dem iPad bzw. iPhone zuhause. Der Name leitet sich von der Fähigkeit zur Cloud-Synchronisierung ab. Hast du Cloud Outliner auf mehreren Geräten, synchronisieren diese sich problemlos – allerdings nur in der Pro-Version. Die kostet für iOS 3,49€ und auf dem Mac 10,99€, beides einmalig. Auf dem Mac ist Cloud Outliner aber auch im Setapp-Abo integriert. Was es damit auf sich hat, kannst du im *Kapitel zum richtigen Set-up*

---

27 http://www.actionoutline.com/
28 https://whizfolders.com/
29 Dollarpreise sind immer dann angegeben, wenn Onlineshops keine Europreise ausgeben. Die Umrechnung erfolgt dann bei der Abbuchung von der Kreditkarte.
30 https://xwavesoft.com/cloud-outliner-for-iphone-ipad-mac-os-x.html

nachlesen. Im Idealfall kommst du also mit den 3,50 Euro davon. Sicherlich ein vertretbarer Preis.

Neben dem einfachen und dadurch fokussierten Aufbau und der problemlosen Synchronisation, überzeugt die App auch durch die Möglichkeit, Outlines per Passwort zu schützen. Das wird sicher nicht jede*r brauchen, aber wenn man es benötigt, wird man glücklich sein, diese Funktion zu haben. Auf der anderen Seite merkt man Cloud Outliner schon auch an, dass es nur von einem Entwickler stammt. Das gesamte Layout wirkt ein wenig angestaubt und nicht so auf Hochglanz poliert. Persönlich kann ich das aber verkraften.

Deutlich anders positioniert sich *OmniOutliner*[31] von der OmniGroup. Die OmniGroup ist ein echtes Urgestein auf dem Mac und ist vor allem für seinen To-Do-Manager OmniFocus bekannt, hat darüber hinaus aber auch OmniGraffle für das Erstellen von Diagrammen und Formen, sowie OmniPlan, einen Projektmanager im Angebot.

Generell richtet sich Omni an Poweruser und solche, die es werden wollen. Das führt dazu, dass ihre Produkte toll aussehen, klasse durchdacht sind, wahnsinnig umfangreich daherkommen – und meist ziemlich teuer sind. Schon bei einem To-Do-Manager fragen sich viele, wieso sie 30$ für die Standard-Mac-Lizenz ausgeben sollen. Noch viel verrückter wird es, wenn man die Pro-Version möchte, die das doppelte kostet. Und diese Frage ist sehr berechtigt. Wenn man einfach nur eine digitale To-Do-Liste möchte, sollte man dafür nicht so viel Geld ausgeben. Man muss schon an den Pro-Features interessiert sein, um solche Ausgaben zu rechtfertigen.

Das gleiche gilt für OmniOutliner. Wieso man überhaupt Geld für eine solche App ausgeben könnte, habe ich schon für Cloud Outliner dargelegt. Wenn es dann aber 11,99$ mit Bildungsrabatt sind, überlegt man schon zwei Mal. Und wer tatsächlich knapp 60$ für die Pro-Version ausgibt, weiß ich wirklich nicht. Von daher gehe ich auch nur auf die günstigere Essential-Version ein. Die sieht in erster Linie schick aus.

Zusätzlich hat man die Wahl aus neun vorgefertigten Designs, bei denen sich die genutzten Schriftarten und Farbpaletten ändern.

---

31 https://www.omnigroup.com/omnioutliner

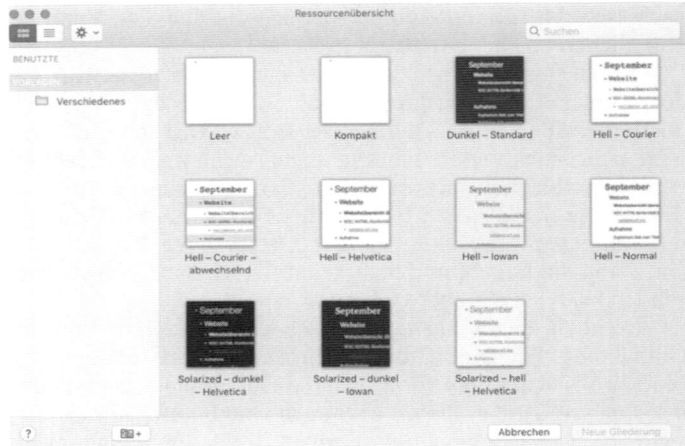

Quelle: Sceenshot

Und ansonsten? Im Grunde war es das. Man kann Stichpunkte schreiben, verschiedene Hierarchieebenen nutzen (also ein- und ausrücken), weiterführende Notizen zu Stichpunkten hinzufügen und das ganze wunderbar einfach synchronisieren. Hierfür nutzt OmniOutliner den hauseigenen Sync-Service OmniPresence. Das ist ein kleines Zusatztool, was den Synchronisierungsprozess unabhängig von anderen Cloud-Diensten macht und ganz hervorragend funktioniert. Wofür bezahle ich also den Aufpreis im Vergleich zu den 3,50€ bei Cloud Outliner? In erster Linie wohl für ein schickeres Design, in zweiter Linie für die Sicherheit, dass die App noch viele Jahre weiterentwickelt wird.

Und was ist mit der Pro-Version? Ich behaupte, dass diese für kaum jemand interessant ist. Dafür ist sie einfach viel zu teuer und hat einen überschaubaren Mehrwert. Man bekommt mit ihr die Möglichkeit, weitere Spalten einzufügen und so eine umfangreichere Planung zu ermöglichen, beispielsweise wenn man noch eine Spalte für das Datum möchte. Ansonsten kommen nur noch sehr spezielle Features hinzu, wie die Verbindung mit Apple Script. Wenn man die Pro-Version braucht, weiß man das. Alle, die es nicht wissen, können ruhigen Gewissens zur

Standard-Version greifen. Für alle Versionen gibt es die Möglichkeit eines vierzehntägigen kostenlosen Tests und Bildungsrabatte von bis zu 50%!

Wissen sortieren mit Mindmaps

Eine ganze Menge Menschen kann mit hierarchischen Outlines nichts anfangen. Sie denken oft eher assoziativ und fühlen sich unnötig eingeschränkt, wenn sie bestimmte Inhalte von oben nach unten ordnen sollen. Es kann auch völlig kontraproduktiv sein, von Beginn an eine Reihenfolge festzulegen und die eigene Kreativität unnötig zu beschneiden. Für diese Fälle empfehle ich Mindmaps.

Mindmaps haben den großen Vorteil, dass du einfach drauf losarbeiten kannst. Einfach das große Thema in die Mitte schreiben und dann munter brainstormen. Wann immer dir ein weiteres Unterthema in den Sinn kommt, machst du einen neuen Zweig. So wächst die Mindmap in alle Richtungen, bis du das Gefühl hast, das Thema erschöpfend behandelt zu haben. Geht es dann irgendwann stärker darum, einen Vortrag konkret auszuarbeiten oder den Text wirklich zu schreiben, kann man immer noch zu einem Outline übergehen. Ich persönlich nutze für fast alle meine Konzepte zunächst eine Mindmap und nummeriere dann die einzelnen Knoten einfach durch.

Viel Gutes für das iPad

Für mich sind Mindmaps eher eine Angelegenheit fürs Tablet, weshalb ich auch zunächst über Mindmaps-Apps auf dem iPad reden möchte. Hier ist man in der angenehmen Situation, mehrere wirklich gute Möglichkeiten zur Verfügung zu haben. Besonders hervor sticht auf jeden Fall *Mindnode*[32] von IdeasOnCanvas. Mindnode ist durchdacht, sehr funktional und wirklich schön design. Zusätzlich gibt es auch eine Mac-Version, die aber mit zusätzlich 29,99€ zu Buche schlägt. Immerhin ist aber

---

32 https://mindnode.com/

der Ansichtsmodus kostenlos. Die iOS-Version kostet 9,99€ und sollte die erste Wahl sein, sofern man über ein iPad verfügt.

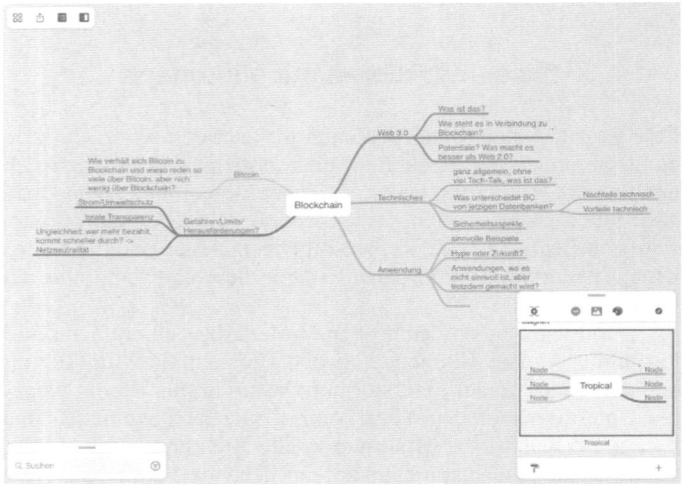

MindNode – hübsch und funktional, aber eben auch mit Kosten verbunden, Quelle: Screenshot

Besitzt man beide Versionen, kann man problemlos hin- und hersynchronisieren. Ich habe beispielsweise nur für die iOS-App bezahlt und erstelle Mindmaps auf dem iPad. Auf dem Mac schaue ich sie dann höchstens im Ansichtsmodus an und spare mir das Geld für die Mac-Version.

Das Erstellen von Mindmaps geht dank Tastaturkurzbefehlen sehr einfach von der Hand. Man kann z.B. nur mit einem Klick auf die Tab-Taste einen neuen Arm erstellen, und mit den-Pfeiltasten durch die einzelnen Ebenen navigieren. Das ist viel praktischer, als wenn man umständlich auf dem Touchscreen versucht, den richtigen Punkt zu treffen.

Außerdem kann man Bilder und kleine Symbole einfügen, die eine Mindmap sehr viel anschaulicher machen können. Und da Mindnode nach dem Infinite Canvas-Prinzip funktioniert, können Mindmaps beliebig groß werden. Natürlich lassen sich fertige Mindmaps auch exportieren und auch hier weiß Mindnode durch Vielfalt zu überzeugen: es stehen ein proprietäres

Format, Bildformate, FreeMind, TaskPaper, OPML, PDF, reiner Text, Rich Text, Markdown und CSV zur Verfügung. Da dürften keine Wünsche oder Anforderungen offenbleiben.

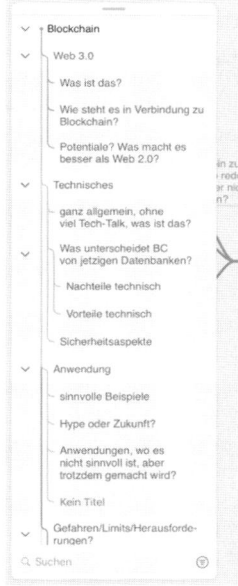

Die Mindmap zum Outline umformen – sehr praktisch! Quelle: Screenshot

Vielfalt ist generell ein passendes Stichwort für Mindnode. Angefangen bei der Form der Knoten, über Stil der Zweige, Textformatierung, Farben bis hin zum generellen Layout der Mindmap lässt sich so ziemlich alles an die eigenen Wünsche anpassen. Und wem das zu viel Frickelei ist, der wendet einfach einen der vorgefertigten Stile an.

Ein letztes sehr spannendes Feature ist die Verbindung aus Mindmap und Outline. Jede Mindmap kann nämlich auch hierarchisch dargestellt werden. So lässt sich ganz leicht das beste aus beiden Welten verbinden.

Erst brainstormen, dann ordnen – und die App übernimmt die Arbeit. Synchronisierung über iCloud ist natürlich auch dabei.

Ein interessanterer Mitbewerber ist *XMind*[33], die schon lange am Markt sind. Die App sieht gut aus und bietet viele Funktionen. Allerdings setzen die Entwickler*innen auf ein Abo-Modell, sodass 22,49$ für sechs Monate oder 34,99$ mit Bildungsrabatt fällig werden, wenn man die mobile und Desktop-Variante möchte. Das ist ein andauernder Kostenfaktor, der sich wohl nur lohnt, wenn man sehr viel mit Mindmaps arbeitet. Wer einen optisch anderen Ansatz bevorzugt, sollte einen Blick auf *Mindly*[34] werfen. Hier werden Mindmaps als kleine Universen dargestellt, in die man hineinzoomen kann. Ob das wirklich einen Mehrwert hat, oder nur Spielerei ist, muss jede*r für sich entscheiden.

Mindmaps auf dem Desktop (MacOS & Windows)

Für mich persönlich sind Mindmaps eine Tablet-Aufgabe. Es fühlt sich einfach richtiger für mich an, was wohl daran liegt, dass man Mindmaps in der analogen Welt auf einen Blatt Papier anfertigt, das vor einem liegt. Nichtsdestotrotz kann man natürlich auch einen Desktop-Computer bzw. Laptop nutzen. Die Mindnode-Version habe ich ja weiter oben bereits erwähnt.

Ein weiterer bekannter Mitbewerber ist *iThoughts(X)*[35], welches vieles bietet, aber einfach nicht so schick aussieht wie Mindnode und mit 54,99€ sogar noch teurer ist. Auch andere Firmen fahren eine Doppelstrategie, sodass es wenig überrascht, weitere bekannte Gesichter im Mac Appstore zu finden, beispielsweise das oben genannte XMind, was aber – wie schon gesagt – mit einem Abomodell daherkommt. Mein Rat wäre daher, eine der deutlich günstigeren iOS-Apps zu kaufen, entweder Mindnode oder Mindly, sofern man es unkonventioneller mag. Verfügst du über ein Macbook, empfehle ich dir auch hier Mindnode – wenngleich es deutlich teurer ist als unter iOS.

---

33 https://www.xmind.net/de/
34 http://www.mindlyapp.com/
35 https://www.toketaware.com/ithoughts-osx/

Mindmap-Apps unter Windows gibt es natürlich auch. Auch hier begrüßt uns wieder unser alter Bekannte XMind, den es sogar für Linux gibt. Vielversprechender fand ich allerdings die App Textize MindMap, die man im Microsoft Store findet. Die App ist kostenlos, sieht sehr aufgeräumt und schick aus und verfügt über die grundlegenden Funktionen, die man sich von einer Mindmap-App wünscht. Nur eine Möglichkeit zum PDF-Export fehlt, Textize bietet nur Bildformate an.

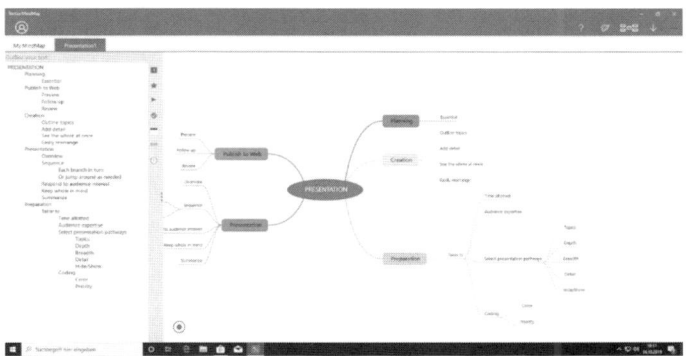

Textize Mindmap ist simpel und aufgeräumt, Quelle: Screenshot

Da Mindnode unter Windows nicht verfügbar ist, empfehle ich dir hier XMind, wenn dir Funktionalität am wichtigsten ist und Textize Mindmap, wenn es dir vor allem um ein klares, nicht überladenes Design geht.

Wer etwas wirklich simples und geräteübergreifendes sucht, kann auch mal einen Blick auf die *Webapp Coggle*[36] werfen, die kostenlos genutzt werden kann. Allerdings sind nur maximal drei Mindmaps auf einmal möglich, danach muss gezahlt werden. Auch *MindMeister* stößt in die Lücke der Online-Mindmap-Tools und ist einen Blick wert, wenn man eine geräteübergreifende Lösung für den Browser sucht. Wie Coggle kann man MindMeister[37] in einer Basisvariante kostenlos nutzen. Wer aber

---

36   https://coggle.it/
37   https://www.mindmeister.com/de

mehr Features möchte (mehr als 3 Mindmaps, Datei- oder Bildanhänge, Export und Druck) muss zahlen. Momentan 4,99€ im Monat.

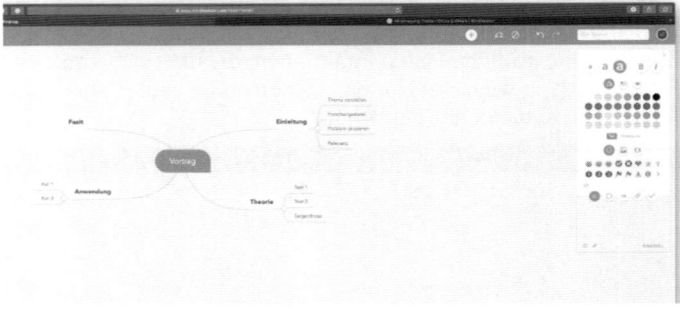

MindMeister: im Web verfügbar und mit schönem Design, sicherlich eine Überlegung wert, Quelle: Screenshot

Eine weitere (allerdings auch weniger schön anzusehende) Möglichkeit ist die Open Source Software *Freemind*[38].

Letztendlich gibt es viele Wege, einen Vortrag oder eine Arbeit zu strukturieren. Ob nun Outlines oder Mindmaps eher deinem Denken entsprechen, musst du einfach mal herausfinden. Software gibt es in jedem Fall mehr als genug – sowohl kostenlose als auch zu bezahlende. Mein persönliches Set-up sieht so aus, dass ich Mindnode für Mindmaps und Cloud Outliner für Outlines nutze. Denn natürlich musst du dich nicht auf eine Arbeitsweise festlegen. Ich nutze oft beides: Mindmaps zum Ideensammeln und Outlines für das spätere Strukturieren.

---

38 http://freemind.sourceforge.net/wiki/index.php/Main_Page

Das Wichtigste zum Schluss

- Beginn große Projekte immer mit einer Ideensammlung.
- Für diesen Zweck kannst du Outlines oder Mindmaps nutzen.
- Was für dich besser funktioniert, musst du einfach ausprobieren. Auch eine Kombination aus beidem ist absolut denkbar.
- Eine sinnvolle Kombination ist beispielsweise, erst alles in einer Mindmap zu sammeln, um es dann mit einem Outline zu strukturieren.

Wissen in Form gießen: Schreiben wissenschaftlicher Texte

Zu einem Studium gehören viele Kompetenzen. Man muss große Mengen an Stoff lernen, recherchieren, Inhalte präsentieren können und sich selbst organisieren. Absolut zentral ist aber das Verfassen von schriftlichen Arbeiten. Die einen ereilt es erst zur Bachelorarbeit – dann aber umso härter, da sie nie zuvor eine längere schriftliche Arbeit geschrieben haben. Gerade in eher naturwissenschaftlichen Studiengängen sind Klausuren üblicher. Studierende der Sozial- und Geisteswissenschaften kommen in der Regel deutlich früher mit Hausarbeiten in Kontakt.

Wie auch immer es bei dir konkret aussieht. Irgendwann wirst du eine längere schriftliche Arbeit verfassen müssen. Und dafür solltest du vorbereitet sein. Die meisten werden sich wohl intuitiv Word von Microsoft zuwenden. Das ist die Software, die man kennt, die alle benutzen und die den meisten am präsentesten sein dürfte. Und es gibt durchaus gute Gründe, Word zu nutzen. Darüber hinaus existieren aber noch andere, weniger bekannte Programme und Apps, die sich zum Teil deutlich besser als Word eignen, um ein wochen- oder sogar monatelanges Forschungsprojekt durchzuführen. Ich stelle dir einige der besten Möglichkeiten vor und zeige dir Vor- und Nachteile auf.

Die Standardlösungen: Word, LibreOffice, Google Docs und Pages

Jedes Betriebssystem hat sein typisches Schreibprogramm. Für Windows ist das natürlich das allseits bekannte Microsoft Word. Word ist das am weitesten verbreitete Schreibprogramm der Welt, was natürlich Vorteile mit sich bringt. Man kann sich beispielsweise sicher sein, dass de facto jedes Problem, das auftritt, schon mal in irgendeinem Forum behandelt wurde. Die Community hinter Word ist einfach riesig. Entsprechend zahlreich sind auch die Weiterbildungsangebote. Die meisten Universitäten haben mittlerweile Qualifizierungsangebote für den Arbeitsmarkt und mit an Sicherheit grenzender Wahrscheinlichkeit fallen Kurse zu Word darunter. Mit Word weißt du also, was du bekommst und kannst dir im Zweifelsfall sicher sein, Hilfe für Probleme zu bekommen.

Word hat nur zwei Probleme: Es ist hoffnungslos mit Funktionen überladen und kostet ziemlich viel Geld. Wofür brauche ich beispielsweise eine Serienbrieffunktion, wenn ich nie Serienbriefe erstelle? Und wie ablenkend sind bitte die ganzen Symbole und Schaltflächen, wenn ich eigentlich einfach nur schreiben möchte? Natürlich ist Word extrem mächtig. In seiner Funktionsfülle erschlägt es aber auch schnell Kreativität und ist oft einfach zu viel. So als ob ich einfach nur einen Schnappschuss auf der Party machen möchte, dafür aber eine Spiegelreflexkamera mit Zoomobjektiv und externem Blitz nutze. Aber auch für lange Forschungsprojekte ist Word oft ungeeignet. Word kennt keine Teilbereiche. Alles ist in einem großen Dokument. Oder aber in vielen verschiedenen Dokumenten verteilt. Es gibt kein Konzept in Word, um ein großes Projekt in mehrere kleine Teilprojekte zu untergliedern. Word ist einfach oft das falsche Werkzeug, da es versucht, eine Lösung für alles zu sein.

Hinzu kommen die relativ hohen Kosten. Du kannst natürlich schauen, ob dir deine Uni ein Gratisabo anbietet. Vielerorts ist das so. Wenn du aber nicht dieses Glück hast, kostet das Microsoft Office Paket für Studierende momentan 149€. Dafür kannst du Word, Excel, Powerpoint und OneNote auf einem einzigen PC installieren – keine Upgrades, kein mobiles Gerät, kein zweiter PC. Das wird erst mit dem Abo-Angebot *Office 365* möglich. Für 7€ im Monat oder 69€ im Jahr bekommst du hier die oben genannten Programme plus Outlook, Publisher und Access. Diese Apps und Programme kannst du auf einem PC oder Mac und zusätzlich auf einem Tablet und einem Smartphone installieren. Zusätzlich bekommst du immer die aktuellsten Updates und 1 Terabyte Cloud-Speicher bei Microsoft. Solltest du dich also für Office und Word entscheiden, dürfte Office 365 Personal die sinnvollste Variante sein. Zusätzlich gibt es auch noch Office 365 Home für bis zu 6 Benutzer*innen. Das kostet dann 10€ im Monat bzw. 99€ im Jahr und kann interessant für Freund*innen oder WGs werden.

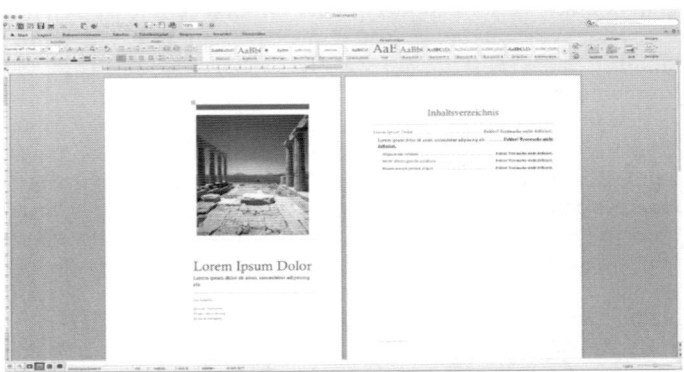

Microsoft Word auf dem Mac, Quelle: Screenshot

Wer nicht das Glück hat, Office von seiner Universität zu bekommen und auch keine Lust hat, fast 70€ im Jahr auszugeben, kann natürlich auch auf kostenlose Office Suiten zurückgreifen. Das bekannteste Beispiel ist *LibreOffice*[39], das früher Open Office hieß. LibreOffice bietet Äquivalente für die wichtigsten Office-Programme an: Es gibt Writer (=Word), Calc (Excel), Impress (Powerpoint), Draw für Zeichnungen, Base für Datenbanken und mit Math auch einen Formeleditor. Prinzipiell ist das auch ein gutes Paket und durchaus brauchbar – vor allem dafür, dass das ganze kostenlos zu haben ist.

Allerdings merkt man LibreOffice eben auch an, dass es nichts kostet. Es sieht einfach nicht so schick aus, spart hier und da mit Funktionen und führt immer wieder zu Inkompatibilitäten. Und glaub mir – wenn du ewig lang an einer Dokumentformatierung gearbeitet hast, nur damit es dann beim nächsten Öffnen in Word völlig zerschossen wird, hast du schnell keine Lust mehr. Leider sind meine Erfahrungen mit LibreOffice nicht sonderlich gut. Außerdem bringt es natürlich die gleichen Probleme wie Microsoft Office mit sich, da es sich stark daran orientiert,

---

39 https://de.libreoffice.org/

um nicht zu sagen kopiert. LibreOffice ist also genauso überfrachtet und mit Funktionen überladen. Ausprobieren kannst du es natürlich trotzdem, schließlich kostet es nichts. Und vielleicht passt es für dich ja besser, als für mich. LibreOffice ist für Windows, Mac und Linux verfügbar. Mobile Versionen für Android oder iOS gibt es leider nicht.

Wer einen Mac besitzt, hat die Möglichkeit Apples eigene Office-Apps zu nutzen. Hiervon gibt es drei Stück: Pages zum Schreiben, Numbers für Tabellenkalkulationen und Keynote für Präsentationen. Alle drei Programme kommen edler und übersichtlicher als die Pendants von Microsoft daher. Gleichzeitig bringen sie alle wesentlichen Funktionen mit, sind aber einfach ein wenig klarer strukturiert. Noch dazu sind die drei Anwendungen gratis und sind beim Erwerb eines Macs inklusive. Dafür zahlt man natürlich auch deutlich mehr für das Gerät an sich. Wenn ich aber die Wahl zwischen den Microsoft- und den Apple-Office-Suites habe, wähle ich in der Regel die von Apple. Ich mag einfach das dezentere und stilvollere Design. Wirklich massiv unterscheidet sich beides aber natürlich nicht. Im Kern sind beides Office-Suiten, die möglichst viele Anwendungsfälle abdecken wollen. Deshalb zeige ich dir im zweiten Teil dieses Kapitels auch noch Programme, die einen anderen Ansatz verfolgen.

Vorher möchte ich dich aber noch auf eine letzte Option für klassische Office-Anwendungen hinweisen, die in den letzten Jahren zunehmend an Popularität gewonnen hat: *Google Docs*[40]. Die Vorteile von Google Docs sind vielfältig. Man benötigt zum Beispiel nur einen Google-Account und kann dann alles kostenlos und unbegrenzt nutzen. Auch die Zusammenarbeit mit anderen Nutzer*innen funktioniert so gut, wie sonst nirgendwo. Und vom Design her sehen die Google Web Apps zwar auch nicht fantastisch aus, können aber sicherlich mithalten. Der größte Vorteil ist allerdings, dass man Google Docs von überall aus nutzen kann, völlig egal auf welchem Betriebssystem man gerade arbeitet. Alles geschieht im Browser, für die mobilen Betriebssysteme gibt es darüber hinaus noch Apps.

---

40 https://docs.google.com/

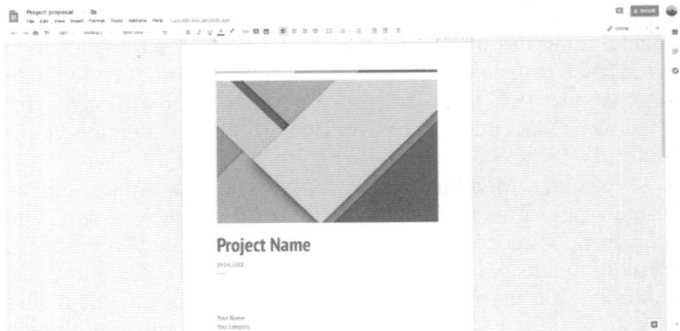
Google Docs, Quelle: Screenshot

Wer nun denkt, dass eine solche Lösung mit Funktionen geizt, liegt falsch. Es gibt eine große Anzahl von Addons, vom zusätzlichen Inhaltsverzeichnis bis zur Mini-Literaturverwaltung. Und dass alles automatisch im angeschlossenen Google Drive gespeichert wird, ist sicher auch kein Minuspunkt. Google Docs hat sich richtig gemacht in den letzten Jahren und ist immer mehr eine ernstzunehmende Alternative. Das einzige Problem ist, dass man immer mit dem Internet verbunden sein muss, wenn man Dateien hoch- oder runterladen möchte. Das ist zwar mittlerweile fast nie mehr ein Problem – falls es aber doch mal der Fall ist, ist man aufgeschmissen und kommt auch nicht mehr an seine Daten. An den Dokumenten kann aber auch offline gearbeitet werden, der Sync erfolgt dann später.

Und natürlich muss man auch realistisch bleiben: Es ist toll, dass es Plugins und viele Funktionen für Google Docs gibt. Eigenständige Programme, wie z.B. eine eigene Literaturverwaltung (siehe dazu das entsprechende Kapitel in diesem Buch), können am Ende doch mehr. Wer aber auch mit etwas weniger Funktionalität zufrieden ist, kann mittlerweile definitiv auch auf Googles Apps zurückgreifen.

Weniger Ablenkung für mehr Kreativität: Scrivener und Ulysses

Dieser Abschnitt richtet sich an eine recht spezielle Zielgruppe: Du musst zum Beispiel bereit sein, Geld auszugeben. Und du solltest öfter an längeren Texten arbeiten, möglicherweise solchen, die viel Denkarbeit und/oder Kreativität erfordern. Falls du bei diesen Punkten mit dem Kopf nickst, könnten *Scrivener*[41] oder *Ulysses*[42] was für dich sein.

Wieso hebe ich diese beiden Programme hevor? Zum einen sind sie Beispiele für die Vielzahl an Schreibprogrammen, die es da draußen gibt. Ich kenne viele, die quasi nur Word kennen – oder eben Pages bzw. LibreOffice, wenn sie kein Geld ausgeben wollen. Daneben versuchen allerdings noch viele weitere Anbieter, im Markt zu bestehen. Um sich abzuheben, wählen sie andere Herangehensweisen als die Platzhirsche und suchen sich Nischen. Dadurch finden sich aber auch Programme, die für manche Zwecke sehr viel besser geeignet sind als Word.

Ich möchte zuerst mit Scrivener beginnen. Scrivener richtet sich in erster Linie an Autor*innen, Wissenschaftler*innen und Journalist*innen, die für ihre Artikel viel recherchieren müssen – letztendlich also alle, die mit vielen Quellen arbeiten, lange Texte verfassen und diese gern in kleinere Stücken herunterbrechen wollen. Damit ist Scrivener auch für Abschlussarbeiten sehr interessant.

Um Schreibende bei diesem Prozess zu unterstützen, organisiert Scrivener ein Projekt in Form einer Mappe. Auf der linken Seite des Fensters befindet sich eine Übersicht, in dem das Projekt strukturiert werden kann. Da kann man dann zum einen unterschiedliche Kapitel oder Abschnitte anlegen, aber auch Ordner für Recherchematerialien oder einfach Überlegungen, die aber nicht in den finalen Text einfließen sollen. So wird es möglich, alles an einem Ort zu sammeln: sowohl beispielsweise PDF-Dateien, die deine Quellen sind, Überlegungen zum Forschungsprozess und der eigentliche Text, der irgendwann deine

---

41 https://www.literatureandlatte.com/scrivener/overview
42 https://ulysses.app/

fertige Arbeit sein soll. Und da man zwischen diesen verschiedenen Dokumenten Links setzen kann, wird es möglich, Querverweise innerhalb des Projekts zu erstellen, sodass du nicht ständig nach deiner Quelle suchen musst.

Scrivener im normalen Schreibmodus, Quelle: Screenshot

Ein zweiter Clou von Scrivener ist, dass du dir nicht schon beim Schreiben Gedanken über die Formatierung machen musst. Schreiben und Formatierung sind hier nämlich zwei getrennte Schritte. In Word verschwendet man einfach zu viel Zeit, das Dokument perfekt zu stylen und vergisst darüber oftmals die Inhalte. Es gibt zwar auch in Scrivener einfache Formatierungsmöglichkeiten wie unterstrichen oder fett, man muss sich aber keine Gedanken über Absätze und generell Stilfragen machen. Das finale Aussehen eines Dokuments wird nämlich erst beim Export erstellt. Hierfür gibt es die Schaltfläche Zusammenstellen. So wie Computercode zu einem Programm kompiliert wird, wird in Scrivener ein Text erstellt. Man wählt alle Einzelteile aus (und lässt Notizen, Zwischenüberlegungen und Recherchematerial weg) und legt dann die Formatierungsparameter fest. Erst dann wird der fertige Text in einem gewählten Format ausgegeben. Die Vorteile gegenüber dem klassischen WYSIWYG-Prinzip[43], wie Word es nutzt, ist erstens dass man sich mehr auf den

---

43 WYSIWYG steht für ‚What you see is what you get', also dass man direkt angezeigt bekommt, wie ein Dokument am Ende aussieht.

Schreibprozess konzentrieren kann und zweitens, dass man kohärente Ergebnisse bekommt, da die Formatierung regelgeleitet ist.

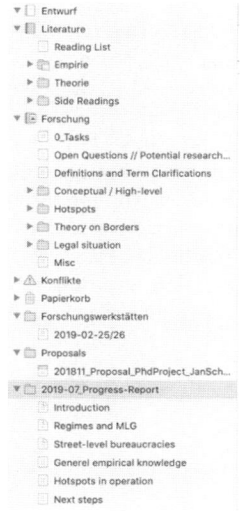

Screenflow zum Exportieren von Scrivener Dokumenten, https://vimeo.com/303887270, Quelle: Screenflow

Scrivener ist für den Mac, Windows und iOS verfügbar. Die Synchronisation zwischen Mac und iOS läuft über Dropbox und funktioniert tadellos. Die Lizenz für MacOS oder Windows kostet mit Bildungsrabatt momentan 45€ bzw. 42€ inklusive Steuern. Wichtig ist aber zu wissen, dass Scrivener für den Mac bereits in Version 3 vorliegt, Windows befindet sich noch in der ersten Version. Bei meinem Test sah aber auch diese erste Version schon sehr brauchbar aus und fühlte sich in etwa wie Version 2 auf dem Mac an. Das ganze Design ist noch etwas altbacken und nicht so frisch wie mittlerweile auf dem Mac, aber ansonsten erschien mir auch die Windows-Version sehr brauchbar.

Wenn du auch noch die iOS-App haben möchtest, kommen noch einmal 21,99€ hinzu. Dafür kann man die Programme dann auch behalten und muss nicht wie bei Office 365 Abogebühren zahlen. Auf der Seite von Scrivener (literatureandlatte.com) kannst du auch eine Testversion laden, mit der du das Programm dreißig Tage nutzen kannst. Und damit meine ich wirklich nutzen. Es zählen nur die Tage, an denen du Scrivener öffnest.

Ulysses im Schreibmodus, Quelle: Screenshot

Diese Zeilen schreibe ich jedoch nicht in Scrivener. Und auch nicht in Word oder Pages. Ich schreibe sie in Ulysses. Ulysses wird in Leipzig entwickelt und hat sich zu einem kleinen Star am App-Himmel entwickelt. Und das nicht ohne Grund. Eins allerdings gleich vorweg: Ulysses ist exklusiv für MacOS und iOS verfügbar. Wer also Windows nutzt, kann diese Passage überspringen.

Wieso bin ich so von Ulysses überzeugt, dass es mein tägliches Schreibwerkzeug geworden ist? Obwohl ich auch eine Lizenz für Scrivener gekauft habe, es nach wie vor für ein tolles Programm halte und beispielsweise für meine Promotion nutze. In meinen Augen hat Ulysses drei große Vorteile:

Erstens verfolgt es einen ähnlichen Ansatz wie Scrivener, indem es größere Projekte in kleinere Einheiten unterteilt, sogenannte Blätter. Blätter werden zu Gruppen zusammengefasst, die jeweils ein Projekt, beispielsweise eine Seminararbeit repräsentieren. Auch hier wird das wirkliche Dokument erst beim Export erstellt, sodass auch die Formatierung erst am Ende hinzugefügt wird. Das kommt meiner Art des Arbeitens sehr entgegen, da ich einfach gern zunächst schreiben möchte, ohne mir direkt zu viele Gedanken um Formatierung machen zu müssen.

Zweitens besticht die Fokussierung der App. Ulysses ist eine dieser Apps, die auf den ersten Blick sehr unscheinbar aussehen und erst nach und nach ihre tiefgehenden Fähigkeiten offenbaren. Die Aufmachung ist sehr dezent. Ganz links eine Spalte für deine unterschiedlichen Projekte, dann eine Spalte mit den einzelnen Blättern eines Projekte. In der Mitte befindet sich dann das eigentliche Schreibfenster und auf der rechten Seite ist noch ein Inspektor, um beispielsweise Schlagworte, Schreibziele, Notizen oder Bilder hinzufügen kann. Dazu sehr viel Whitespace. Und natürlich lassen sich alle Spalten bis auf das Schreibfeld ausblenden, sodass wirklich gar nichts mehr ablenkt. Das kann sehr wohltuend sein und Wunder für die Kreativität wirken.

Und drittens: Formatierung. Ulysses unterstützt die Auszeichnungsprache *Markdown*[44]. Markdown wurde vom us-amerikanischen Blogger John Gruber erfunden und ermöglicht es, Text direkt beim Schreiben zu formatieren bzw. Text eine Formatierung zuzuweisen, die dann beim Export umgesetzt wird. Markdown orientiert sich dabei an HTML, da auch hier der Beginn einer Formatierung, als auch ihr Ende mit dem gleichen Symbol gekennzeichnet wird. Beispielsweise wird ein Wort, das in zwei * gesetzt wird, kursiv. Auf diese Weise lassen sich auf Fettschreibung, Absätze, Aufzählungszeichen, Links und einiges mehr einbinden.

---

44 https://daringfireball.net/projects/markdown/syntax

Ich mag diese Art des Schreibens, da ich so im Schreibfluss bleiben kann, trotzdem aber schon die Formatierung teilweise mit abdecke. Wer sich stärker für Markdown interessiert, kann sich den den *Markdown Field Guide*[45] von David Sparks mal genauer anschauen.

Ulysses im reduzierten Modus, Quelle: Screenshot

So viel zu den Vorteilen von Ulysses. Es gibt allerdings auch gravierende Einschränkungen. Für wissenschaftliches Arbeiten kann ich Ulysses nämlich leider nicht empfehlen. Dafür fehlen zu viele essentielle Bestandteile wissenschaftlichen Arbeitens. Man kann zwar Verweise zu Quellen erstellen, allerdings merkt man einfach, dass Ulysses nicht für die Arbeit mit Quellen gemacht ist – anders als Scrivener. Ebenso fehlt die Möglichkeit ein Inhaltsverzeichnis oder überhaupt Tabellen zu erstellen. Ulysses zielt durch das Weglassen überflüssiger Elemente eindeutig auf kreative Schreibprozesse. Für einen Zeitungsartikel oder auch einen Buchentwurf ist es ideal. Für die Endredaktion aber nicht so sehr.

Und so habe ich das Schreiben dieses Buches auch zweigeteilt. Den ersten Entwurf eines jeden Kapitels habe ich in Ulysses geschrieben. Die Reduzierung auf das Wesentliche, gepaart mit Markdown regt meine Kreativität enorm an, sodass ich schnell viel schreiben kann. Wenn es dann aber um das Setzen

---

45 https://www.macsparky.com/markdown/

von Seiten und das Einbinden von Medien ging, habe ich das in Pages getan. Das funktioniert dort einfach viel besser, da es dafür entworfen wurde.

Ulysses kostet 4,99€ pro Monat als Abo, oder 39,99€ für ein Jahr (3,33€/Monat). Wenn du Student*in bist, reduziert sich der Preis auf 11,99€ für ein halbes Jahr (2€/Monat). Eine Möglichkeit zum Einmalkauf besteht nicht. Eine andere sehr gute Möglichkeit ist ein Setapp-Abo, welches für Studierende nur 4,99€ im Monat kostet und sich somit schon allein für Ulysses lohnt. Weitere Infos zu Setapp findest du im Kapitel zum richtigen Set-Up.

Perfektion programmieren: LaTeX

Zuletzt sei noch auf einen Ansatz verwiesen, der vor allem für Naturwissenschaftler*innen interessant ist – wenngleich auch andere Studierende davon profitieren können: LaTeX[46]. Die Schreibweise mit großem L, T und X ist dabei die offizielle.

LaTeX ist ein Open Source Projekt und kann entsprechend auch kostenlos genutzt werden. Durch diesen offenen Ansatz gibt es diverse LaTeX-Editoren für Windows, Mac und Linux. Selbst für iOS existieren mittlerweile Apps. Ergänzt wird das ganze durch Online-Editoren, die ähnlich wie Google Docs von jeder Plattform aus funktionieren.

Das Prinzip von LaTeX ist ähnlich wie bei Scrivener und Ulysses, nur drei Stufen weiter. Man programmiert die Dokumente quasi. Einfach etwas markieren und dann mit einem Klick fett machen oder unterstreichen? Das kannst du vergessen. Stattdessen wird alles mit Befehlen ausgezeichnet, wiederum ähnlich wie in HTML. Das ist zu Beginn sehr gewöhnungsbedürftig und für Menschen ohne Programmierhintergrund auch schnell abschreckend. LaTeX-Editoren geben sich meist keine Mühe, hübsch oder stylisch auszusehen. Sie sind funktional. Immer und überall.

Wer sich davon aber nicht abschrecken lässt und auch bereit ist, LaTeX wirklich zu lernen, der bekommt ein extrem mächti-

---

46   https://latex-project.org/

ges Werkzeug. Nicht ohne Grund werden auch viele professionelle Publikationen mit LaTeX erzeugt. Wer einmal ein Dokument gesehen hat, das mit LaTeX erzeugt wurde, wird den Unterschied feststellen – es sieht einfach so viel professioneller aus. Damit einher geht, dass auch Formeln, Tabellen und Diagramme plötzlich kein Problem mehr sind. Das was bei anderen Schreibprogrammen immer wieder zum Stolperstein wird, kann mit LaTeX wunderschön und elegant dargestellt werden.

> ## 2 Die großen Bausteine
>
> Wie funktioniert unser Weltsystem? Wie bereits angesprochen liegt der kapitalistischen Produktionsweise des aktuellen Weltsystems internationale Arbeitsteilung zugrunde. Hieraus resultieren umfangreiche Handelsbeziehungen, welche durch ein Zentrum-Peripherie-Modell strukturiert sind. Dieses Zentrum-Peripherie-Modell beschreibt, welche Staaten (Nebenerkenntnis: Staaten sind Wallersteins Analyseeinheit) ökonomisch und damit politisch mächtig sind und welche marginalisiert werden. Einzelne Staaten können das Gesamtsystem dominieren und als Hegemone auftreten, woraus sich ergibt, dass Wallerstein auch den Auf- und Abstieg von Staaten konzipiert haben muss. Wie das Zentrum-Peripherie-Modell im Einzelnen funktioniert, in welchen Zyklen Hegemone auf- und abtreten sowie was unter säkularen Trends zu verstehen ist, wird in der Folge dargelegt.
>
> ### 2.1 Das Zentrum-Peripherie-Modell
>
> Grundlegend gesprochen kann laut Wallerstein das moderne kapitalistische Weltsystem nur funktionieren, weil drei verschiedene Zonen in ihm existieren, denen jeweils verschiedene Funktionen zukommen und die untereinander Waren und Dienstleistungen tauschen. Dieser Tausch ist durch Machtasymmetrien gekennzeichnet, weshalb Wallerstein von einem ungleichen Tausch spricht.
>
>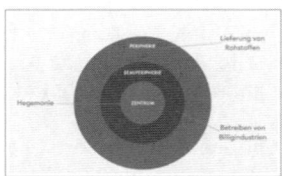
>
> Figure 1: Zentrum-Peripherie-Modell, eigene Darstellung
>
> Wallersteins Zonen sind Zentrum, Semiperipherie und Peripherie[1]. Die grundle-
>
> [1] Zusätzlich existiert noch die Außenarena, sprich das Gebiet welches noch nicht vom Weltsystem erfasst ist. Da dies im modernen Weltsystem aber nur extrem wenige Staaten betrifft, soll an dieser Stelle hierzu geschwiegen werden.

Beispielseite für ein fertiges LaTeX-Projekt, Quelle: Screenshot

Wenn du mit vielen Quellen arbeitest, kann LaTeX auch interessant sein. Im Kapitel zu Literaturverwaltungen weise ich darauf hin, dass einige Programme kleine Plugins nutzen, um Word-Dokumente zu formatieren und automatisch Literaturverzeichnisse zu erstellen. LaTeX hat das kleine Zusatzprogramm Bibtex schon mit an Bord, sodass man nicht noch extra Software benötigt.

Überhaupt profitiert LaTeX sehr von seinem Status als Open Source Software. Rund um LaTeX hat sich eine enorm große Community gebildet, die für gefühlt jedes Problem schon eine Lösung parat hat und darüber hinaus immer wieder Zusatzmodule, sogenannte Packages entwickelt, um die Funktionalität zu erweitern. Einige der besten finden sich auf der Seite *Analogmaschine*[47]. Empfehlenswerte Editoren sind insbesondere *TeXmaker*[48] und *TeXstudio*[49].

TeXmaker ist eine der beliebtesten Open-Source- und Multiplattform-Lösungen für die LaTeX-Bearbeitung. Um mit TeXmaker zu beginnen, kannst du in einem Konfigurationsfenster alle Grundeinstellungen deines LaTeX-Dokuments vornehmen, bevor die eigentliche Arbeit losgeht. Das umfasst solche Sachen wie Randgröße, Schriftart oder Zeilenabstand. Natürlich kannst du damit auch bis ganz zum Ende warten. Schreibprozess und Formatierung sind ja voneinander unabhängig. Außerdem ist es möglich, Texte durch die Rechtschreibprüfung laufen zu lassen, oder unterschiedliche Abschnitte für ein Dokument einzurichten. Auch die Arbeit mit Tabellen, mathematischen Formeln, Querverweisen, Bildern usw. ist in TeXmaker ziemlich problemlos.

TeXstudio ist ein weiterer Open-Source-LaTeX-Editor, der in der Wissenschaft sehr beliebt ist. TeXstudio ist de facto eine Weiterentwicklung von TeXmaker und hat weitere Unterstützungen und Funktionen hinzugefügt. Während sich die gesamte Oberfläche ähnlich wie bei TeXmaker anfühlt, haben es zusätzliche Funktionen wie Dokumenten-Wortzählung, Frequenzzählanalyse und mehr zu einem unabhängigen, vollwertigen LaTeX-Bearbeitungstool gemacht. Einige der wichtigsten Funktionen sind Syntaxhervorhebung, Referenzprüfung, Multi-Cursor und mehr als 1000 mathematische Formeln, die im Lieferumfang enthalten sind. Zitate sind ein wichtiger Bestandteil wissenschaftlicher Dokumente und TeXstudio bietet Unterstützung für das Link-Overlay, das Text in Links umwandelt. Zusätzlich ist noch eine Assistentenfunktion an Bord, die das Einrichten von

---

[47] Um den Beitrag zu finden, muss man einfach auf blog.analogmaschine.org nach „Top 10 LaTeX Packages" suchen.
[48] http://www.xm1math.net/texmaker/
[49] http://texstudio.sourceforge.net/

Dokumenten erleichtert. Bilder können per Drag & Drop in diesen Editor gezogen werden, und der Table Autoformatter kümmert sich um die korrekte Formatierung deiner Tabellen.

Der empfehlenswerteste Online-Editor für LaTeX ist Overleaf[50]. Damit wird es möglich in der Cloud und damit systemunabhängig zu arbeiten.

Overleaf im Arbeitsmodus, Quelle: Screenshot

Abschließend muss ich allerdings noch einmal darauf hinweisen, dass LaTeX nicht für jede*n etwas ist. Man muss wirklich willens sein, sich nicht von einem Informatik-Setting abschrecken zu lassen. Wer eh programmiert, wird damit natürlich keine Probleme haben. Wer aber eher kreativ arbeitet, muss eine ganz schöne Hürde nehmen. Kleine Fehler wie eine vergessene Klammer oder falsch gesetzte Kommata im Code werden mit Nichtkompilierung bestraft. So präzise wie LaTeX auch ist, so wenig vergibt es Fehler. Entweder ganz oder gar nicht. Wer aber bereit ist, sich einzuarbeiten und zur Not Zeile für Zeile durchs Dokument zu gehen, um einen winzigen Fehler zu finden, bekommt hier ein sehr mächtiges Tool für beeindruckende Dokumente auf Profi-Niveau.

---

50   https://www.overleaf.com/

Das Wichtigste zum Schluss

- Welches Schreibprogramm du nutzt, hängt von deinen Anforderungen und persönlichen Vorlieben ab.
- Es gibt mehr als Microsoft Word!
- Für kreative Schreibprozesse empfehle ich Programme, die möglichst wenig ablenken und Schreibprozess sowie Formatierung voneinander trennen. Beispiele sind Scrivener und Ulysses.
- Wer ein perfektes Erscheinungsbild möchte, sollte die Zeit investieren und sich in LaTeX einarbeiten.

Präsentieren hat man im Blut oder halt nicht? Falsch!

Früher oder später ereilt es jede*n: Ein Referat steht an. Für manche ist es das leichteste auf der Welt, für viele aber nicht gerade toll und für andere sogar der blanke Horror. Umso wichtiger, dass wenigstens die Technik mitspielt. Falsche Versionen der Präsentation, sich abschaltende Beamer oder andere technische Probleme passieren so häufig, dass sie fast eine Art Running Gag geworden sind. Meist liegt das aber an schlechter Vorbereitung und könnte einfach vermieden werden. Und wieso nicht auch mal positiv auffallen mit einer tollen Präsentation bei der nicht der halbe Raum nach zehn Minuten wegpennt?

Dos and Don'ts für gute Präsentationen

Bevor ich was zur Technik sage, kurz ein paar allgemeine Worte. Niemand ist als Präsentationsgenie auf die Welt gekommen. Hinter guten Präsentationen steckt immer viel Übung und eine gute Vorbereitung. Möchte man es also überzeugend machen, ist es nicht damit getan, nur die Stichpunkte auszuarbeiten und ein paar Slides zu machen. Im Anschluss muss man das Ganze auch noch mehrmals durchsprechen. Erst beim Sprechen fallen einem Unstimmigkeiten oder schlechte Übergänge auf.

Gleichzeitig ist es natürlich nicht sehr überzeugend, wenn man die ganze Zeit auf sein Blatt oder Computer starrt und Stichpunkte abliest. Niemand hört gern einer Vorlesung zu, wenn man eigentlich eine Präsentation erwartet. Die meisten schalten bei Referaten nämlich nicht ab, weil das Thema so langweilig ist, sondern weil der Vortrag schlecht ist. Wer aber weiß, was er oder sie erzählen will, kann ganz anders auftreten. Gleichzeitig ist vorheriges Proben auch ein super Mittel gegen Nervosität. Die Nervosität kommt ja in erster Linie von der Angst, vor einer Menschenmenge zu versagen. Wenn ich aber sicher bin, dass ich mein Referat auch im Schlaf geben kann und mich wirklich in der Thematik auskenne, kann ich mich damit immer wieder selbst beruhigen: „Ich kann das!"

Ein zweiter gravierender Fehler den viele, auch erfahrene Redner*innen, machen, ist die Slides völlig zu überladen. Oft steht dort einfach das Gesagte eins zu eins drauf. Was soll das bringen? Zuhörer*innen können sich nur auf eine Sache konzentrieren. Entweder sie hören euch zu oder sie lesen die Folien. Wenn dann aber wahnsinnig viel auf den Slides steht, verliert ihr euer Publikum. Sie sind ja die ganze Zeit mit lesen beschäftigt.

Dagegen hilft nur radikal zu kürzen. Slides sollten nicht mehr eine Zusammenfassung des Gesagten sein. Viel mehr sollten sie prägnant Ideen transportieren und eure Kernideen unterstreichen oder versinnbildlichen. Zitate sind sicher auch denkbar, wenn das wörtlich Gesagte wichtig ist, weil es sich beispielsweise um Interview-Material handelt. Genauso sind Modelle denkbar, anhand derer man komplexe Zusammenhänge erläutert. Überlege beim Erstellen von Slides immer, welchen Zusatznutzen sie bringen und wie du mit ihnen interagieren willst.

Ein guter Tipp ist die „Älteste-Person-im-Raum-Regel". Nimm die älteste Person, die bei deinem Vortrag voraussichtlich im Raum sein wird, schätze ihr Alter und wähle deine Schriftgröße danach aus. Das Alter der Person entspricht der Schriftgröße. Das hat zwei Vorteile: Du wirst deine Folien nicht überladen und es ist sichergestellt, dass alle alles erkennen können.

Ebenso solltest du darüber nachdenken, keine Stichpunkte zu benutzen. Wenn auf einer Slide drei Stichpunkte sind, sendet das das Signal, dass nur diese drei Punkte von Belang sind – obwohl du vielleicht viel mehr rüberbringen möchtest. Arbeite lieber mit Bildern, die das Gesagte unterstützen. So sprichst du auch unterschiedliche Lerntypen an. Solche, die eher über Zuhören lernen und solche, deren Gehirn eher visuell funktioniert.

Ein anderer kritischer Punkt sind Dokumente auf Slides. Es kommt immer mal wieder vor, dass man einen Vertrag, eine Buchseite, oder einen Zeitungsartikel abbilden möchte, um daran etwas zu verdeutlichen. Das sieht leider meist furchtbar aus, da die Schriftgröße einfach zu klein ist, um wirklich etwas erkennen zu können. Nimm stattdessen lieber das Dokument, scanne es hochauflösend und kopiere dann nur den benötigten Ausschnitt auf die Slide.

Ist das Dokument als Ganzes wichtig, bilde es ab und umrahme die entscheidenden Passagen. Diese können dann mit einem Lupen-Effekt über das Dokument gelegt werden. Das könnte dann so aussehen:

Mit dem Lupeneffekt können auch große Textmengen aufgelockert werden, Quelle: Screenshot

Powerpoint, Keynote oder mal was Frisches?

Was die Software angeht, ist die Antwort relativ simpel. Wenn du einfach nur Slides haben möchtest, kannst du dich zwischen Powerpoint von Microsoft und Keynote von Apple entscheiden, je nachdem welches Betriebssystem du nutzt. Keynote hat sicherlich den Vorteil, dass es ein wenig frischer und schicker aussieht, einfach weil es nicht so häufig genutzt wird. Powerpoint kennt jeder, hat jeder schon hundert Mal gesehen und hält wenig Überraschungen bereit, was das Layout angeht.

Zum Arbeiten mit Powerpoint oder Keynote gibt es schon viele gute Ressourcen. Ich verlinke daher am Ende des Kapitels einige gute Quellen. Hier soll es um einige wichtige Grundlagen für gutes Präsentieren gehen.

Auf jeden Fall empfehle ich, möglichst einfache Layouts zu verwenden. Keine einfliegenden Slides oder sich zusammensetzende Texte. Und wenn man kein schlichtes, geschmackvolles Template findet, kann man auch einfach darauf verzichten und nur schwarze Schrift auf weißem Grund nehmen. Hier verweise ich wieder auf den ersten Abschnitt: Eine Präsentation soll unterstützen, nicht ablenken.

Ein wichtiger Hinweis ist allerdings, auf die verwendeten Schriftarten zu achten. Möglicherweise präsentierst du nicht mit deinem eigenen Computer, sondern hast die Datei nur auf einem Stick dabei. Falls du dann eine Schriftart verwendet hast, die nicht komplett alltäglich ist, kann es mitunter passieren, dass der andere Rechner diese nicht hat und durch eine andere ersetzt. Das kann dir, wenn es ganz blöd läuft, sogar das Layout versauen. Das gleiche gilt für Fotos und vor allem Videos. Man sollte immer sicherstellen, dass die eigene Präsentation auf dem Zielrechner so aussieht, wie sie aussehen soll. Auch hier gilt: Vorbereitung ist alles.

Unter Umständen kann es auch sinnvoll sein, die Präsentation als PDF zu exportieren und dann einfach den Präsentationsmodus des PDF-Viewers zu verwenden. Natürlich fallen dann alle interaktiven Elemente weg, aber sicherer ist es so auf jeden Fall. Ich denke, dass eine Kombilösung ideal ist: die eigentliche Präsentation als normale Variante und sollte irgendetwas schief gehen, eine PDF-Fassung als Backup. Dazu muss man einfach nur die Export-Funktion nutzen und PDF auswählen. Generell ist es sinnvoll, eine Präsentation auf mehreren Wegen dabei zu haben, z.B. auf einem Stick oder einer externen Festplatte, als Datei in einer Cloud und/oder als Mailanhang. So kann man reagieren, wenn irgendetwas schief geht, beispielsweise das Internet nicht funktioniert oder der Rechner den Stick nicht erkennt.

Eine Software-Alternative möchte ich aber dennoch aufzeigen: *Prezi*[51]. Prezi dürfte mittlerweile auch schon ziemlich bekannt sein. Das Prinzip hinter Prezi ist, dass man nur eine große Folie hat, eine Gesamtübersicht. Dort sieht man dann meist ein Bild, oder eine Grafik, die mit dem Präsentationsthema zu tun hat. Der Clou ist nun, dass man quasi unendlich hineinzoomen

---

51 https://prezi.com/

kann. So werden plötzlich neue Ausschnitte, Details und Beschriftungen sichtbar, die im Ausgangsbild unsichtbar waren.

Das Ganze wirkt sehr viel frischer, als immer wieder eine neue Folie zu sehen und kann Zuhörer*innen fesseln – oder eben ablenken. In jedem Fall ist es eine spannende Alternative, die man mal ausprobiert haben sollte. Da es serverseitig und in einem festen Rahmen funktioniert, können auch keine Formatierungsprobleme auftreten. Allerdings muss man immer über eine Internetverbindung verfügen. Früher gab es eine Funktion, Präsentationen im Vorfeld herunterzuladen und offline zu verwenden. Mittlerweile geht das leider nur noch mit einem bezahlten Abo und nicht mehr in der Gratis-Variante. Auf der Seite von Prezi kann man sich viele Beispiele anschauen und sich Inspiration holen. Aber lass dich nicht täuschen; Prezi sieht spielerisch leicht aus. Eine wirklich gute Präsentation damit zu bauen, dauert aber in der Regel länger als in Powerpoint oder Keynote.

Andere Alternativen sind *Slidebean*[52] und *Google Präsentationen*[53]. Slidebean sticht durch einfache Benutzbarkeit und interaktive Grafiken hervor, Google Präsentationen fügt sich nahtlos in die anderen Google-Dienste ein und kann daher interessant für jene sein, die eh schon alles mit Google Apps machen. Zusätzlich eignet sich Google besonders für Präsentationen, die du nicht allein hälst. Die Zusammenarbeit im Browser ist extrem intuitiv und zuverlässig, sodass mehrere Personen problemlos gleichzeitig an ein und derselben Präsentation arbeiten können.

Flexibel bei der Hardware

Bei der Hardware gibt es zum Glück, wenig zu beachten. Ob du für das Erstellen von Präsentationen einen PC, Mac, ein Surface Tablet oder iPad verwendest, ist relativ egal. Keynote gibt es sowohl für Mac, als auch iPad, Powerpoint ist sogar auf jeder der vier Plattformen zuhause. Es muss also niemand die Plattformwahl hiervon abhängig machen.

Interessanter wird es beim Präsentieren. Ältere Laptops hatten VGA-Anschlüsse, heutzutage sind HDMI-Ports aber sehr

---

52 https://slidebean.com/
53 https://www.google.de/intl/de/slides/about/

viel gängiger. Wäre man wirklich zeitgemäß müsste man eigentlich sogar auf USB-C umsteigen. Das Problem ist aber, dass Universitäten natürlich nicht allzu oft ihre Beamer austauschen, weshalb vielerorts noch VGA-Kabel zum Verbinden genutzt werden. Man sollte also unbedingt im Vorfeld in Erfahrung bringen, welchen Anschluss man benötigt und ob das mit dem eigenen Gerät funktioniert. Falls nicht, sollte man rechtzeitig Adapter kaufen. VGA-HDMI-Adaper kosten fast nichts, können aber Präsentationen retten. Außerdem bieten die IT-Abteilungen der Unis oft Adapter zum Ausleihen an.

Noch etwas spezieller ist das Präsentieren mit dem Tablet. Denn auch das geht und kann sogar sehr praktisch sein, da man auf dem Touchscreen sehr einfach zur nächsten Folie gelangen kann. Noch toller wird es, wenn man mit Apple Pencil, Surface Pen oder generell einem Stylus Anmerkungen auf dem Tablet macht und diese dann über den Beamer für alle sichtbar werden. Das sorgt mit Sicherheit für Aufmerksamkeit und kann eine tolle Möglichkeit sein, Sachverhalte zu veranschaulichen. Das einzige, worauf du hier noch mehr achten musst, ist der Adapter. Die Surface-Reihe nutzt USB-C, ergo benötigst du einen *USB-C-auf-VGA* oder *USB-C-auf-HDMI*-Adapter. Apple nutzt bei den iPad Pros ab 2018 ebenfalls USB-C, alle anderen iPads haben einen Lightning-Anschluss.

USB-C-Adaper gibt es online schon für unter 20€, das sollte also kein Problem darstellen. Allerdings sollte man natürlich auch hier vorher überprüfen, ob die Verbindung klappt. Wenn du also ein Referat hälst, einfach schon mal in der Woche davor alles mitbringen und anstecken.

Beim Thema Lightning-Adapter muss man leider etwas tiefer in die Tasche greifen. Ein *Lightning-auf-VGA*-Adapter kostet momentan satte 59€, *Lightning-auf-HDMI* ebenso. Eventuell kann man auf eBay etwas Günstigeres finden. Benötigt man den Adapter nur ein einziges Mal, kann man ihn natürlich auch kaufen und nach Gebrauch wieder zurückschicken. Ansonsten gibt es hierfür zwar auch Drittanbieter, diese Produkte funktionieren oft aber nicht zuverlässig. Du kannst es natürlich dennoch probieren. Ich habe auch schon Adapter von Drittanbietern genutzt und so mit meinem iPad präsentiert.

Ist die Adapterfrage aber beantwortet, steht einer erfolgreichen Präsentation nichts mehr im Weg. Ich halte Tablets für eine klasse Alternative, wenn es um das Halten von Präsentationen geht. Keynote auf dem iPad hat zum Beispiel einen Präsentiermodus, in welchem der eigene Finger als Laserpointer genutzt werden kann. Man nutzt einfach den Finger auf dem iPad und die Zuschauer*innen sehen einen roten Punkt auf dem Beamerbild. Fantastisch!

Entscheidest du dich klassisch für einen Laptop, kannst du auch über einen Presenter/Klicker nachdenken. Die gibt es schon für zehn bis fünfzehn Euro und wirken extrem professionell, da du damit Folien weiter schalten kannst, ohne an deinen Laptop zu gehen. Viele haben außerdem einen Laserpointer integriert, sodass du einfach etwas auf der Projektion zeigen kannst. So kannst du dich auch besser auf das konzentrieren, was du sagen willst.

Insgesamt kann man also sagen, dass eine gute Präsentation vor allem eine gut vorbereitete ist. Wer die letzten Stichpunkte erst fünf Minuten vorm Seminar zu Papier bringt, wird nur in den seltensten Fällen seine oder ihre Zuhörer*innen überzeugen können. Proben, das Finden guter Übergänge und Formulierungen ist hier das A und O. Auch technische Probleme lassen sich zu 99,9% vermeiden, wenn man alles durchtestet. Gut vorbereitet ist man zudem sicherer und bekommt Lampenfieber besser in den Griff. Fühle dich also verantwortlich für deine Präsentation und wälze es nicht auf die Umstände ab.

Das Wichtigste zum Schluss

- Gute Präsentationen sind immer gut vorbereitete. Investiere genügend Zeit und Energie darauf.
- Stelle im Vorfeld sicher, dass die Technik mitspielt. Adapter können häufig auch von den IT-Abteilungen deiner Uni ausgeliehen werden.

- Nutze Slides nie als Zusammenfassung des Gesagten, sondern immer als Unterstützung.

Lesetipps

- *slideshare.com:* Hierbei handelt es sich um eine Plattform, auf die man Präsentationen hochladen und teilen kann. Die tausenden Präsentationen dort können eine hervorragende Inspiration sein.
- *slidescarnival.com* und *graphicmama.com* sind gute Ressourcen für gratis Templates.
- Wer ein ganzes Buch über richtiges Präsentieren lesen möchte, wird bei David Sparks *Fieldguide* fündig. Dieser ist sehr schön aufbereitet und informativ – allerdings auf englisch.

Wo habe ich das nochmal gelesen? Literaturverwaltungen

Wer studiert wird früher oder später zum wissenschaftlichen Arbeiten genötigt. Das kann lästig sein, ist aber natürlich Sinn eines Studiums. Man soll am Ende wissen, wie man eine Arbeit verfassen kann, die wissenschaftlichen Standards genügt. Eines der wichtigsten Kriterien diesbezüglich ist der Umgang mit Quellen. Direkte Zitate müssen gekennzeichnet werden und auch übernommene Gedanken müssen mit einer Quellenangabe versehen werden. So entsteht ein Geflecht aus Querverweisen, Bruchstücken aus früheren Arbeiten und bestenfalls eigenen Forschungsergebnissen. Nimmt man es einigermaßen ernst mit der Literaturrecherche, kommen dabei schnell dutzende Bücher, Artikel und Paper zusammen. Umso wichtiger ist es, den Überblick zu bewahren. Etwas mehr Aufwand während des Recherche- und Schreibprozesses spart dabei am Ende viel Zeit.

Viele Studierende sammeln während des Schreibprozesses munter Literatur an. Mal hier ein Buch aus der Bibliothek, dort zwei oder drei PDFs, ein alter Zeitungsbericht und so weiter. Dann schreiben sie passende Passagen heraus, aber natürlich ohne direkt die Quelle mit anzugeben. Das kann man ja am Ende dann machen. Aus eigener Erfahrung kann ich sagen, dass das eine sehr schlechte Idee ist. Bei einem Schreibprozess über mehrere Wochen oder sogar Monate hat man am Ende mit Sicherheit vergessen, woher dieses eine Zitat stammt. Und selbst wenn man es noch ungefähr weiß, ist es unheimlich nervig, Zitate erneut herauszusuchen, nur damit man die genaue Seitenzahl hat.

Meine Empfehlung lautet daher, unbedingt schon beim Lesen und Suchen von Quellen, jegliche Literatur zu erfassen und auch beim Sammeln von Zitaten immer die Quelle direkt mit zu schreiben. Es wird nie wieder so leicht sein, die Quelle ordnungsgemäß anzugeben, wie im Moment in dem du das erste Mal mit ihr arbeitest. Das ist vielleicht ein klein wenig mehr

Aufwand und kann auch nerven, wenn man gerade voll im Schreibfluss ist, spart am Ende aber unheimlich viel Zeit. Und natürlich sollte man Software nutzen, die das Sammeln von Literatur vereinfacht. Noch viel entscheidender ist in meinen Augen aber die Möglichkeit, sich am Ende ein ordentlich formatiertes Literaturverzeichnis ausgeben zu lassen. Ich kenne viele, die das händisch machen und dann fast verzweifeln, weil man auf so viele kleine Formatierungen achten muss.

Sei klug und spar dir diese sinnlose Arbeit! Lass die Software für dich arbeiten.

Ebenso nützlich sind die kleinen Helfer, die einige Literaturverwaltungsprogramme mitbringen. Viele haben kleine Plugins, mit denen man die Quellenangaben im Text direkt ans Literaturverzeichnis koppeln kann. So wird vermieden, dass im Text Quellen sind, die im Literaturverzeichnis fehlen oder umgekehrt. Ebenso weit verbreitet sind Browserplugins, sogenannte Webclipper, mit denen man Online-Artikel direkt erfassen und in die Datenbank importieren kann. So spart man sich viel Tipparbeit. Werfen wir also einen Blick auf die besten Programme und wie die Situation auf mobilen Geräten ist.

Der unangefochtene Star – unter Windows

Die Entscheidung welches Programm man nutzen sollte, ist im Grunde leicht zu fällen. *Citavi*[54] ist die mit Abstand beste Variante. Die große Einschränkung ist aber, dass Citavi nur für Windows verfügbar ist[55]. Wer Apple-Produkte nutzt, schaut in die Röhre. Eine plattformunabhängige Online-Version soll zwar in der Vorbereitung sein, aber wann die kommt, ist offen.

Wieso ist Citavi so toll? Citavi ist einfach gut durchdacht und reich an Features. Man kann im Programm nach Quellen suchen und diese direkt importieren, wenn sie online frei zugänglich sind. Hat man ein physisches Buch zur Hand, lässt es

---

54 https://www.citavi.com/de
55 Der Vollständigkeit halber möchte ich auch darauf hinweisen, dass man natürlich auch Windows auf einem Mac laufen lassen kann. Entweder über eine Parallelinstallation mit Boot Camp, oder in einer Virtual Box.

sich in Windeseile per ISBN-Code eingeben. Alle relevanten bibliographischen Angaben wie Autor*in, Titel, Verlag etc. werden dann automatisch ausgefüllt, was unheimlich viel Zeit spart und Fehler vorbeugt. Auch Paper, die eine DOI-Nummer haben, können so hinzugefügt werden.

Das zweite Merkmal, das hervorsticht ist der Webpicker. Damit kann man Publikationen direkt aus dem Browser importieren, beispielsweise einen Zeitungsartikel auf einem Newsportal oder einen wissenschaftlichen Aufsatz.

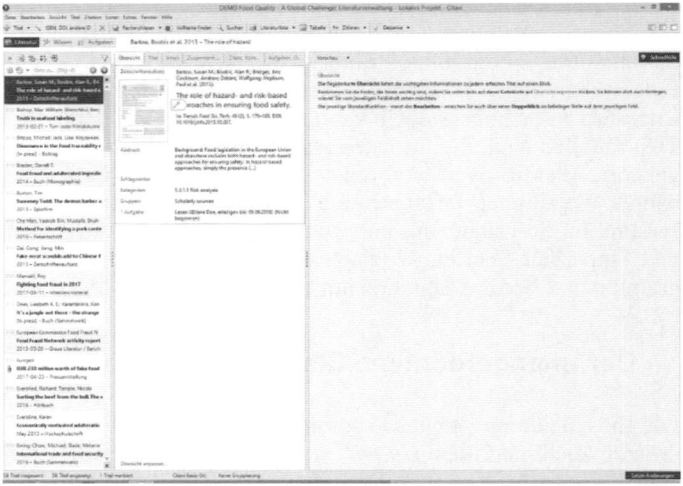

Citavi in der Standardansicht, Quelle: Screenshot

Drittens ist auch das Plugin für Word sehr praktisch. Damit schreibt man in den Text eine Art Platzhalter bzw. Identifier. Am Ende geht Citavi dann durch den gesamten Text, ersetzt im Fließtext die Identifier mit korrekt formatierten Quellenangaben und stellt das Literaturverzeichnis entsprechend aller Identifier im Text zusammen.

Auch hier spart man also wieder Zeit und kann sicher sein, keine Quellen im Literaturverzeichnis zu vergessen. All das ist das wettbewerbsfähigste Paket auf dem Markt für Literaturverwaltungen. Viele andere bringen ähnliche Features mit, manche machen vielleicht auch das eine oder andere besser. Ich kenne aber kein anderes Programm als Citavi, welches alles macht. Hier hat Citavi eine deutliche Führung.

Dazu kommt, dass die kostenlose Version sehr großzügig ausfällt. Man kann bis zu einhundert Quellen pro Projekt hinzufügen. Ich denke, dass das für die allermeisten Arbeiten ausreichen wird. Einige Unis bieten auch die eigentlich kostenpflichtige Standard-Version für ihre Studierenden kostenlos an. Schau dich einfach mal in deiner IT-Abteilung um.

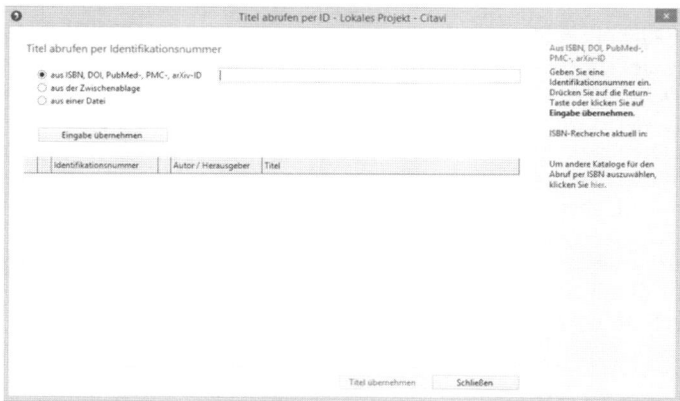

Möglichkeit, Literatur per Identifier hinzuzufügen, Quelle: Screenshot

Alternativen für den Mac

Was aber, wenn du wie ich auf dem Mac oder iPad arbeitest? Auch ohne Citavi gibt es noch eine Reihe an guten Möglichkeiten. Drei der bekanntesten sind *Mendeley*[56], *Zotero*[57] und *Bookends*[58]. In erster Linie wird die Entscheidung, welches Programm man nutzen möchte, vom persönlichen Usecase abhängen. Ein für mich wichtiger Punkt ist beispielsweise, dass es eine Version für den Mac und eine Begleitapp für das iPad gibt. Beides sollte miteinander synchronisieren, sodass ich unterwegs in

---

56 https://mendeley.com/
57 https://zotero.org/
58 https://www.sonnysoftware.com/

Bibliotheken Literatur erfassen und dann zuhause weiter nutzen kann.

Mendeley hat einen fokussierteren Ansatz als Citavi. Der gesamte Teil der Literaturrecherche ist hier ausgelagert. Es gibt keine Möglichkeit, auf Google Scholar oder anderen Verzeichnissen nach neuer Literatur zu suchen. Mendeley möchte einfach nur eine Literaturverwaltung sein. Und das ist gar kein schlechter Ansatz. Ich bin ein Fan von Programmen, die eine Aufgabe erfüllen wollen und dieses dann auch tun. Und Mendeley ist gut. Es ist übersichtlich aufgebaut und die Importmöglichkeit hat in meinen Tests tadellos funktioniert. Man wählt einfach die PDF-Datei aus, die man importieren möchte und Mendeley macht den Rest. So werden dann die relevanten Angaben erfasst und in die Datenbank aufgenommen. Auch ein Word-Plugin und ein Webpicker können installiert werden. Zudem möchte ich noch auf ein Feature hinweisen, das sonst kein Programm bietet. Mendeley kann nämlich – basierend auf der schon erfassten Literatur – weitere Texte empfehlen. Ich bekomme pro Woche eine Mail mit drei Leseempfehlungen und oftmals sind hier wirklich relevante Dinge dabei.

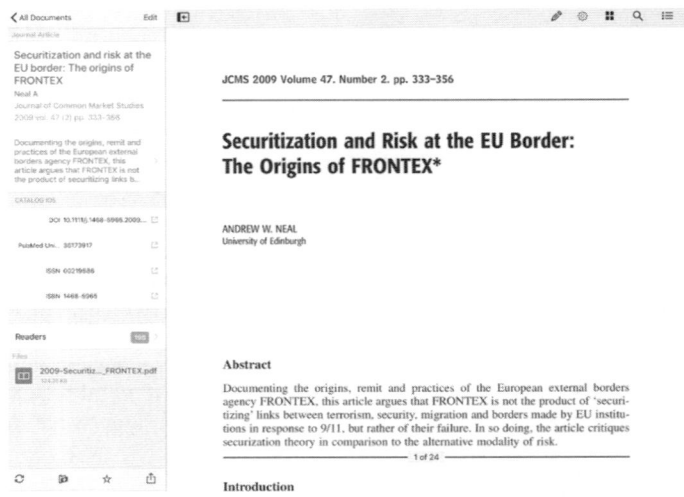

Interface von Mendeley Desktop, Quelle: Screenshot

Zotero positioniert sich ähnlich wie Mendeley. Auch Zotero ist einfach nur eine Literaturverwaltung, macht das aber wiederum sehr souverän. Auch Zotero hat einen Webpicker, der sehr gut funktioniert und ein Word-Plugin. Gut gefällt mir, dass ich wie bei Citavi die Möglichkeit habe, Quellen über ihren Identifier hinzuzufügen – also beispielsweise ein Buch über seine ISBN-Nummer. Außerdem ist Zotero das einzige Open Source Projekt von den hier vorgestellten Lösungen, wird also von der Community entwickelt und ist nicht auf Gewinne aus.

Zu Beginn meinte ich, dass ich gern auch eine Begleitapp für das iPad habe, da ich unterwegs grundsätzlich auf diesem arbeite. Generell muss ich leider sagen, dass mobile Betriebssysteme ziemlich stiefmütterlich behandelt werden. Wie es um Citavi bestellt ist, haben wir eben schon gesehen, aber auch andere Anbieter haben nur rudimentäre Apps.

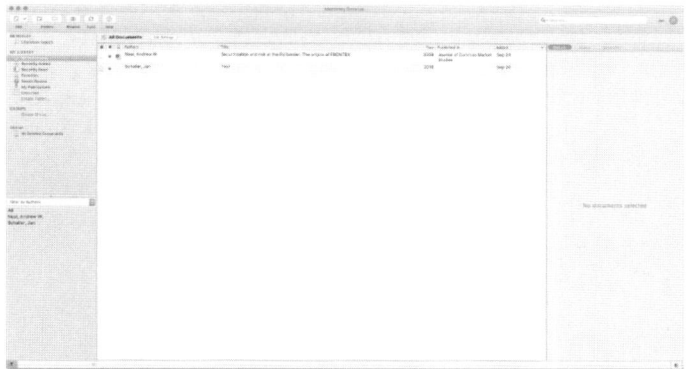

Hinzufügen von Literatur über die ISBN-Nummer in Zotero, Quelle: Screenshot

Zotero beispielsweise bietet überhaupt keine App selbst an. Man muss hier auf einen Drittclient (Papership) zurückgreifen. Papership wiederum funktioniert zwar, ist aber nicht sonderlich durchdacht und scheint nicht mehr aktiv entwickelt zu werden – das letzte Update kam vor zwei Jahren. Angesichts eines Mangels an Alternativen, muss man aber darauf zurückgreifen, wenn man eine eigenständige App haben möchte. Es ist auch möglich, das Web-Interface zu nutzen, was eventuell sogar die bessere Variante ist.

Für Mendeley gibt es immerhin eine App, die gut mit der Desktopversion zusammenarbeitet. Die App ist übersichtlich und kann Dokumente auch annotieren, wenn auch nur auf einer sehr grundlegenden Ebene. Neue Quellen können zwar hinzugefügt werden, aber leider nur manuell. Ich verstehe nicht, wieso hier nicht die Vorzüge einer mobilen Plattform genutzt werden. Es ist für mich absolut naheliegend, einen ISBN-Code einfach mit der Kamera des Smartphones einzuscannen und dann die entsprechenden Informationen aus einer Datenbank abzurufen, um so einen neuen Eintrag anzulegen. Das wäre wahnsinnig praktisch und technisch absolut machbar. Leider erfahren die Apps zur Literaturverwaltung nicht genügend Liebe seitens ihrer Entwickler*innen.

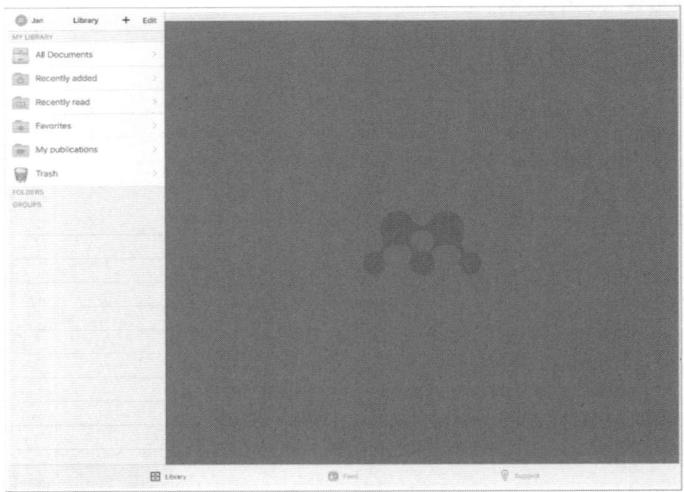

Mendeley für iOS in der Übersichtsansicht, Quelle: Screenshot

Vom Funktionsumfang her sticht *Bookends* positiv hervor, was das für Mac und iOS verfügbar ist. Hier hat sogar die mobile Version eine Onlinesuche für Quellen und ist auch sonst gut nutzbar. Allerdings muss man für Bookends ziemlich tief in die Tasche greifen. Die Mac-Version kostet einmalig 62,99€ und die iOS-App 10,99€ (einmalig) für die Standard-Variante (keine Limits bei der Speicherung und Online-Suche von Literatur, keine

PDF-Wasserzeichen, keine Werbung), oder 10,49€ pro Jahr, wenn man alle Pro-Features (Cloud-Synchronisierung, mehrere Bibliotheken, Scannen von Barcodes) möchte. Das geht also durchaus ins Geld. Aber immerhin: Endlich implementiert eine App mal das Scannen von Barcodes.

Um dir bei diesen vielen verschiedenen Lösungen einen guten Überblick geben zu können, findest du in der folgenden Tabelle einen großen Vergleich der wichtigsten Literaturverwaltungen, sodass du schnell entlang deines Nutzungsszenarios entscheiden kannst, was du nutzen willst.

Literaturverwaltungen im Vergleich

Name	Preis	Verfügbar für	Plugins	Bemerkungen
Citavi	Kostenlos (Basisversion, bis zu 100 Titel pro Projekt) / 119€ (Studentenversion, unbegrenzte Anzahl an Titeln)	Windows	Webpicker (Firefox, Chrome, Internet Explorer, Adobe Acrobat) Word-Plugin zum automatischen Erstellen eines Literaturverzeichnisses	• Cloud-Synchronisierung ist möglich • Suchen und Hinzufügen von Literatur per ISBN möglich • Über 9.000 Zitationsstile • Leider nur für Windows verfügbar, keine mobile Option
Bookends	62,99€ einmalig (Mac) 10,99€ einmalig (Standard-Version iOS) 10,49€ jährlich (Pro-Version iOS)	MacOS, iOS	Kein Word Plugin, aber die Möglichkeit, Word-Dokumente zu scannen, um das Gleiche zu erreichen Drag-and-Drop-Import von Files aus Safari Zusammenarbeit mit weiteren Programmen wie Scrivener, Mellel, Devonthink, oder OmniOutliner	• nur für das Apple-Universum verfügbar • Tiefe Integration mit anderen Apps und Programmen • ISBN-Scan in iOS-App möglich • Allerdings recht teuer
Mendeley	Kostenlos (Free Plan, 2GB Speicherplatz für Dokumente) 4,99$ pro Monat/55$ pro Jahr, 5 GB Speicherplatz für Dokumente	Windows, MacOS, iOS, Linux, Android	Browser-Plugin Word- und LibreOffice-Plugin	• auf allen relevanten Plattformen vorhanden • kostenlose Variante dürfte für die meisten ausreichen

Name	Preis	Verfügbar für	Plugins	Bemerkungen
Zotero	Kostenlos, 300MB Speicher 20$ jährlich, 2 GB Speicher 60$ jährlich, 6GB Speicher 120$ jährlich, unlimitierter Speicher	Windows, MacOS, Linux	Webpicker Plugin für Windows und LibreOffice	• Open Source Ansatz • Gute Rundum-Lösung • Keine eigenständige mobile App
Endnote	249,95$ (Normalpreis) 208,00€ (Studentenpreis)	Windows, MacOS, iOS	Word Plugin („Cite While You Write")	• kein Web Picker • iOS und Online-Version für Zugriff von unterwegs

Das Wichtigste zum Schluss

- Literaturverwaltung ist unabdingbar für sauberes wissenschaftliches Arbeiten und sollte ernstgenommen werden.
- Es bietet sich an, Quellen immer direkt beim Finden zu erfassen, da man sich so sehr viel nachträgliche Arbeit sparen kann.
- Das beste Programm ist eindeutig Citavi.
- Arbeitet man auf dem Mac oder iPad, empfehle ich Mendeley als beste Alternative.

Zum Schluss: Eine papierlose Zukunft kommt – fang einfach an!

Was kannst du aus diesem Buch mitnehmen? Ich denke, die wichtigste Erkenntnis sollte lauten, dass man effektives Arbeiten lernen kann. All die superproduktiven Menschen um dich herum, sind nicht so auf die Welt gekommen. Genauso wie man lernen muss, zu lernen, ist effektives Arbeiten mit einem Lernprozess verbunden. Betrachte ich mich heute und mein Ich zu Beginn meines Studiums 2011, dann liegen Welten dazwischen. Aus diesem Grund wollte ich dir in diesem Buch nicht nur konkrete Apps und Workflows zeigen, sondern auch ein paar Grundlagen mitgeben. Selbstbewusst, aber auch selbstreflektiert aufzutreten, einen Ansatz der Aufgabenverwaltung zu verfolgen, sowie bewusst mit der eigenen Zeit umzugehen, sind wichtige Schritte zum Erfolg.

Aber natürlich ging es in erster Linie um die technische Seite papierlosen Arbeitens. Ist das überhaupt möglich? Ich denke, das kann man eindeutig bejahen. Und das Beste: Die Zukunft ist deine Freundin. Es wird in den kommenden Jahren nur immer papierloser. Und irgendwann wird auch eine so schwerfällige Institution wie die Universität weitestgehend auf Papier verzichten. Und bei aller Häme; vielerorts passiert das ja auch schon. Es dauert nur eben deutlich länger, als man es sich wünschen würde.

Auch die Frage nach der geeigneten Hardware konnte ich dir hoffentlich beantworten – oder dir zumindest ein paar Fakten an die Hand geben, um selbst eine fundierte Entscheidung zu treffen. Heruntergebrochen ist es wohl so, dass ein Tablet 80-90% der anfallenden Aufgaben genauso gut, oder sogar besser als ein Laptop bewältigen kann. Ich denke hier vor allem an das Bearbeiten von PDFs, aber auch die Leichtigkeit und Mobilität ist natürlich fantastisch. Hinzu kommt, dass auch immer mehr Pro-Apps ihren Weg auf das iPad finden. Anwendungen wie

LumaFusion (Videobearbeitung), Affinity Photo (Bildbearbeitung), Shapr (3D CAD Modelling) sind extrem fortgeschrittene Programme, die auch Pro-Anwender*innen zufriedenstellen. Und rein von der Rechenkraft haben moderne iPads sowieso gleich oder sogar mehr zu bieten als herkömmliche Laptops. Zur Wahrheit gehört aber natürlich auch, dass 10-20% der anfallenden Aufgaben noch nicht auf einem iPad gelöst werden können. Für mich ist das die Verwaltung von Literatur und die Auswertung von qualitativen Forschungsdaten. Für andere mag es etwas anderes sein und sollte dein essentielles Programm gerade nicht auf dem iPad verfügbar sein, werden aus den 10–20% vielleicht schnell 80–90%. Überlege also vorher, was du benötigst und entscheide dich dann. Du machst sicher auch nichts falsch, wenn du einfach zu einem Laptop greifst, sei er von Apple, oder einfach ein Windows-PC. Solltest du aber in der luxuriösen Lage sein, schon einen Rechner für daheim zu besitzen und nur noch was für unterwegs zu suchen, so ist ein Tablet eine fantastische Lösung. Ich beispielsweise nutze zuhause einen iMac und unterwegs ein iPad Pro 12,9'' mit Tastatur und Pencil – und könnte mir kein besseres Set-Up vorstellen.

    Ich habe in diesem Buch die wichtigsten Bereiche eines Studiums abgedeckt und gezeigt, wie du am sinnvollsten papierlos arbeiten kannst. Natürlich sind nicht alle Fachrichtungen gleichermaßen vertreten. Ich bin nun mal Sozialwissenschaftler und habe mit Experimenten und Versuchsaufbauen wenig am Hut. Sollte dir also ein Kapitel fehlen, zögere nicht und schreib mir. Und natürlich veralten technischen Ratschläge extrem schnell. Apps bekommen Updates, neue Anwendungen kommen auf den Markt, ganze Gerätekategorien kommen hinzu. Das ist aber kein Grund zum Verzagen, sondern eher eine gute Motivation, um am Ball zu bleiben. Besuch mich doch einfach auf meinem Blog papierlos-studieren.net. Dort erhält du gratis Tipps, Appempfehlungen und sogar ganze Workflows für ein produktives papierloses Arbeiten. Und mit Sicherheit können dort auch Aspekte abgedeckt werden, die es nicht ins Buch geschafft haben.

    Solltest du Fragen oder Anmerkungen haben, schreib mir gern eine Mail: redaktion@papierlos-studieren.net und besuch mich auf dem Blog. Ansonsten bleibt mir nur noch dir viel Erfolg auf dem Weg zur Papierlosigkeit zu wünschen. Du wirst an

Grenzen stoßen, so viel ist sicher. Das Potential erscheint aber endlos. Fang einfach an!

Literatur

Allen, D. (2002). Getting Things Done. The Art of Stress-Free Productivity (Reprint ed.). Penguin Books.

Christoffel, R. (2017). Things 3: Beauty and Delight in a Task Manager. Abgerufen am 10.10.2018, https://www.macstories.net/reviews/things-3-beauty-and-delight-in-a-task-manager/.

Crary, J. (2014). 24/7: Schlaflos im Spätkapitalismus. Wagenbach, K.

Mark, G., Gudith, D., & Klocke, U. (2008). The cost of interrupted work. Proceedings from Proceeding of the twenty-sixth annual CHI conference on Human factors in computing systems – CHI '08, New York, New York, USA.

Neudecker, M. (2015). Laaaaangweilig. Süddeutsche Zeitung. Abgerufen am 20.10.2019, https://www.sueddeutsche.de/leben/die-muehen-der-erziehung-laaaaangweilig-1.2660964.

Seiwert, L. J. (2005). Wenn du es eilig hast, gehe langsam: Mehr Zeit in einer beschleunigten Welt (15 ed.). Campus Verlag.

Silvestre, D. (2018). Pomodoro Productivity: A Simple Hack for Deep Work. Abgerufen am 10.10.2019, https://medium.com/@dsilvestre/pomodoro-productivity-a-simple-hack-for-deep-work-3ba03111f48f.

Sparks, D. (2014). The Macsparky Presentations Field Guide.

Sparks, D. (2018). Hyper-Scheduling Feedback. Abgerufen am 10.10.2019, https://www.macsparky.com/blog/2018/3/hyper-scheduling-feedback?rq=hyper%2520scheduling.

Sparks, D. (2018). Hyper-Scheduling Mechanics. Abgerufen am 10.10.2019, https://www.macsparky.com/blog/2018/2/hyper-scheduling-mechanics?rq=hyper%2520scheduling.

Sparks, D. (2018). The Hyper-Scheduling Experiment. Abgerufen am 10.10.2019, https://www.macsparky.com/blog/2018/2/the-hyper-scheduling-experiment.

Struck, P. (2005). Das Erziehungsbuch (1 ed.). wbg Academic in Wissenschaftliche Buchgesellschaft (WBG).

Wagner, W. (2002). Uni-Angst und Uni-Bluff. Hamburg: Europäische Verlagsanstalt Sabine Groenewold Verlage.

Wikipedia. (2019). Getting Things Done. Abgerufen am 10.10.2019, https://de.wikipedia.org/wiki/Getting_Things_Done.

Die in diesem Band verwendeten Icons stammen von der Website https://icons8.de/ und stehen unter der folgenden Lizenz: CC BY-ND 3.0